Las Profecías de Sanctus Germanus

Volumen 3

Sembrando en la Conciencia de las Masas para Sanar el Cuerpo Mental de la Tierra

Michael P. Mau PhD
El Amanuense

Fundación Sanctus Germanus
Alberta, Canadá

©Copyright Mundial 2011 Fundación Sanctus Germanus
Todos los derechos reservados.

La Fundación Sanctus Germanus mantiene el derecho de ser identificada como la representante oficial del autor en acuerdo con el copyright, Designios y Acta de Patentes de 1998.Ninguna parte de esta publicación puede ser reproducida, guardada o presentada en un medio de recuperación, o transmitida de cualquier forma o por cualquier medio (electrónico, mecánico, fotocopiado, grabado o cualquier otro) sin la previa autorización por escrito del editor. Cualquier persona que haga un acto no autorizado en relación con esta publicación será sujeto a proceso delictuoso y a demanda civil por daños y perjuicios.

Para adquirir mas copias de esta obra, por favor diríjase a: www.sanctusgermanusbooks.com o a www.arberton.com

Catálogo de libros y archivos de Canadá en Publicación
Mau, Michael P.
Las Profecías de Sanctus Germanus Volumen 3: Sembrando en la Conciencia de las Masas para Sanar el Cuerpo Mental de la Tierra / por Michael P. Mau. – 1ra Edición.
ISBN 978-0-9868327-0-3
1. Siglo Veintiuno--Pronósticos. 2. El movimiento de la Nueva Era Dorada. 3. Finanzas. 4. Economía.
I. Fundación Sanctus Germanus.

Diseño de Portada "Amanecer del Alma en la mente consciente" por Matthew Thompson de la Fundación Sanctus Germanus

Fundación Sanctus Germanus
División de Publicaciones Alberta, Canadá
www.SanctusGermanus.net

Índice de Materias

Prólogo 9
Capítulo 1 La Batalla del Plano Astral se Manifiesta en la Tierra 13
Aceleración Trabajando 13
No habrá Disminución en la Aceleración 15
La Ley Cósmica de Periodicidad 16
Equilibrio Kármico Mundial en el Fin de Ciclo 17
No hay Marcha Atrás 22
Patio Financiero Global 22
La Base del Sistema Financiero 24
La Estrategia de Arrasar la Tierra 26
Acumulación de Oro y Plata 30
Confabulación del Gobierno 32
Burocracias Gubernamentales Luchan por Sobrevivir 33
David y Goliat 35
Karma Mundial Conduce Escenario de Guerra 36
Objetivos de las Fuerzas Oscuras para la Guerra 37
La Liberación del Karma Negativo 38
La Opción de la Humanidad 40
La Opción de la Jerarquía Espiritual 41
Entre la Espada y la Pared 42
La Carta de Triunfo 43
A Buen Entendedor Pocas Palabras 45
Se Avecinan Insurrecciones y Revueltas 48
La Vigilancia y Perspicacia Requeridas 49
Conclusión 50

Capítulo 2 Refugios de Esperanza en medio de la Agitación 53
El Plan Divino para la Cuarta Ronda 54
La Quinta Sub-Ronda de la Cuarta Ronda 55
La Ubicación de las Regiones Espirituales 56
No Todas las Regiones Espirituales son lo Mismo .. 58
Poblando las Regiones Espirituales 59

Migración Consciente e Inconsciente 59
Leyes Cósmicas De Atracción Y Jerarquía 61
Principio Rector: Contacto con el Alma 63
Funciones Básicas de las Regiones Espirituales 65
El Papel de la Jerarquía Espiritual 65
Preservación de Archivos Exotéricos y Esotéricos ..67
Propagación de Enseñanzas de la Hermandad 67
Liberando las Regiones Espirituales y Creando
Nuevos Modelos de Civilización 68
   Energía Libre 69
   Sistema Monetario Local de Plata y Oro 70
   Tributación 74
   Salud 75
   Educación de los Niños de la Sexta Raza Raíz 75
Sobreviviendo a las Inundaciones 76
Mónadas de los *Pitris* Lunares 77
Poblaciones Rezagadas 79
Diversa de la Población Sobreviviente 81
Líderes entre las Mónadas Lunares Pitri 83
Conclusión 84

Capítulo 3 Sanando el Cuerpo Mental de la Tierra
....85
Ley Cósmica de la Destrucción 86
Transmutando la Forma Concreta 87
El Desapego de la Materia Densa 87
Cambio de la Estirpe Racial 88
Transmutación Acelerada 89
Sanación del Cuerpo Mental 90
Las Tendencias para la Sanación Mental 92
   Des-sensualización 92
   Desmilitarización 93
   Des-monetarización 95
   Despolitización 97
Se Reanuda la Expresión del Alma 98
Proceso de Transmutación 99
Las Emociones son Responsabilidad del Control
Mental 99

Índice de Materias

Visión Etérica y Veracidad 100
Comunicación Telepática 102
El Deterioro Estructural y el Colapso 103
Colapso Organizacional 106
Los Medios de Comunicación se Reformarán 107
Sistemas Médicos Reducidos 107
Expansión de Todas las Disciplinas 108
Psicología 108
Ciencias Biológicas 109
Agricultura 111
Revolución de los Sistemas Educativos 111
Resurgimiento de la Astrología 111
Apertura de la Consciencia Humana 113

Capítulo 4 Primeros Pasos Dentro de la Cuarta Dimensión 117
Primeras Nociones de la Cuarta Dimensión 118
Un Experimento de Física Trascendental 118
El Sexto Sentido o Clarividencia Natural 123
Habilidades del Sexto Sentido 125
Visión Etérica 125
El Sexto Sentido o Clarividencia Natural 126
Ubicación de la Cuarta Dimensión 128
Indicios de la Cuarta Dimensión 130
Fuerzas de Producción y de Construcción 131
El Camino hacia la Cuarta Dimensión 132
Orientación de la Hermandad de la Luz 134

Capítulo 5 Sembrando en la Conciencia de las Masas 135
Poder del Pensamiento para Efectuar el Cambio ... 136
Sembrando en la Conciencia de las Masas 138
Invocación de la Luz en la Conciencia de las Masas
 139
Lo que puedes hacer 141
Invocación para Contrarrestar a las Fuerzas Oscuras 142
Proyectiles de Pensamiento 152

Invocando la Ayuda de la Jerarquía Espiritual 154
Transmutación de la Materia Concreta 155
Capítulo 6 Navegando a Través de la Agitación.. 157
Honrando a Amón Ra y a Tu Alma 159
El Origen del "Dios Interno" 160
El Objetivo de los Próximos Cincuenta Años 162
Controla Tu Mente—El Primer Paso 163
Protegiéndote de la Manipulación Emocional de las Masas 166
Tomando el Control de tu Mente 168
Desarrollando la Habilidad de Concentración 168
1. Las Siete Inhalaciones y Exhalaciones 169
2. Meditación del Pensamiento Semilla 171
3. Practicar el Yoga 173
Manejo de la Posesión de Entidades 176
1. El Sonido de Om y del Doble Om 177
2. Invocar la Protección de Jerarquía Espiritual... 178
Invocación para Protección 179
3. Solicita Ayuda para Sanación Telepática 181
Crear un Refugio de la Distracción 182
Apreciar el Silencio 182
Música de Fondo 183
Trasfondo de la Radio 184
Apagar la Televisión 185
Mantenerse al día con los Acontecimientos 186
Conclusión 187

Capítulo 7 Implementando Tu Plan del Alma 189
Sintonizándote con Tu Plan del Alma 189
"Buscad y Hallaréis" 190
Método para el Contacto con el Alma 191
Meditación por Respiración 192
Meditación por Respiración en un Ambiente Grupal 194
Luz en la Cabeza 195
Desarrollar Discernimiento 196
Sendero Conduciendo al Despliegue del Alma 199

Índice de Materias

Distinguir entre Impulsos del Alma y Astrales 199
Decisiones Difíciles 204
Consejos Matrimonio a los Adultos Jóvenes 208
Asociaciones con Otros 210
Matrimonio y Oposición Conyugal 211
Dinero y Seguridad 212
Tentación de Comercializar Tu Plan del Alma 213
El Regreso de los Cambistas al Templo 215
Intrusión Extraterrestre 217
El Chamanismo y las Prácticas Inspiradas en
Lemuria 217
La Confiabilidad de los Portadores de Luz Debe Ser
Probada 218
Más Ayuda de Tu Maestro y Ashram Espiritual ... 220

Epílogo **225**

Prólogo

En Mayo de 2002 el Mahachohan de la Jerarquía Espiritual aprobó la entrega de información exponiendo a las Fuerzas Oscuras y como ellas operan en el mundo actual. Esta información fue publicada por primera vez bajo el título de *Más Allá del Armagedón* y dos años después bajo el título de Las Profecías de Sanctus Germanus Volumen 1. Ambas publicaciones sembraron en la conciencia de las masas información respecto a las Fuerzas Oscuras, que gradualmente se arraigaba entre los pensadores del mundo, no como otra teoría de conspiración, sino como una explicación lógica de la cadena de eventos que conducirá a la Crisis Financiera Mundial entre 2007-2012. Para el año 2012 esta exposición pública de las Fuerzas Oscuras debería estar completa y todos sabrán de una forma u otra cómo han llegado a controlar el mundo a través de sus sistemas financieros y belicistas.

Le siguió el Volumen 2 de las Profecías de Sanctus Germanus y esbozó un amplio escenario de eventos que alcanzarían a la tierra durante estos tiempos, en consonancia con el acercamiento al final del actual ciclo sideral de 26,000 años. Ambos Volúmenes 1 y 2 continúan sembrando en la conciencia de las masas.

Hemos entrado ahora en la parte más difícil de la clausura de este ciclo, cuando las Fuerzas Oscuras aceleren sus actividades belicistas con el fin de sobrevivir. La humanidad experimentará el estrés del hundimiento de la economía mundial y puede volver a ceder ante las Fuerzas Oscuras cuando ellas generen otra guerra para resolver la depresión económica mundial. Elegir entre otra conflagración mundial y continuar la miseria económica constituirá uno de los principales dilemas morales para la humanidad y determinará cómo responderá la Jerarquía Espiritual. ¿Tomará el mundo actual el camino similar al que la Atlántida eligió?

A pesar de que sus instituciones y actividades de baja vibración se desmoronarán inevitablemente, las Fuerzas Oscuras no caerán sin dar pelea: una batalla real entre la luz y la oscuridad queda por delante. Pero es evidente que la humanidad también ha decidido el sendero más difícil del sufrimiento en lugar de levantarse en contra de las Fuerzas Oscuras en todos los frentes. Que así sea. Sin embargo por mucho que la limpieza pueda prolongarse, podemos regocijarnos de que la sanación de los cuerpos mentales de la tierra y la humanidad se llevará a cabo en el proceso.

Para colocar las cartas en el lado de la luz, una ola de portadores de luz ha encarnado en la tierra durante esta época para equilibrar la negatividad que las Fuerzas Oscuras han construido por siglos. Muchos traen consigo la experiencia y los talentos necesarios para ayudar a la humanidad a través de estos difíciles tiempos. Sin embargo, la mayoría están todavía dormidos y la Jerarquía Espiritual solamente puede esperar que el estrés de los tiempos

Prólogo

eventualmente los despierte para tomar la cruz y cumplir su misión.

En este tercer volumen, proyectaremos lo que creemos tomará lugar en las próximas cinco décadas. Se espera que alrededor del año 2050 al 2060, la tierra esté bien encaminada para recuperar su equilibrio después de una mayor limpieza. Ofreceremos una orientación sencilla a los portadores de luz y a un cada vez más creciente público de mente abierta acerca de cómo hacer frente y navegar a través de este período de agitación. Haremos uso de la Sabiduría Antigua que ha sido expuesta progresivamente a la humanidad para su comprensión y utilización a lo largo de los siglos y la aplicaremos a la situación actual.

Llevar esta orientación al corazón es una elección individual. Nosotros la colocaremos ante ti con la intención de ofrecerte material para reflexionar en un periodo de agitación.

Capítulo 1

La Batalla del Plano Astral se Manifiesta en la Tierra

"Lo que parece ser evidente NO LO ES, lo que parece no ser evidente SI LO ES." Sanctus Germanus

El campo de batalla del plano astral ahora se ha manifestado plenamente en el plano físico de la tierra. La resistencia de las Fuerzas Oscuras ha sido fuerte sin embargo, la reacción de la humanidad ha estado muy poco entusiasta para prevalecer. Todos los gobiernos, incluyendo aquellos democráticamente elegidos, han expuesto sus agendas ocultas como delegados de las Fuerzas Oscuras. Juntos y sin ninguna vergüenza confabulan con otros para mantener su dominio de la humanidad y suprimir los derechos humanos individuales para salvarse a sí mismos. Esta oposición a las fuerzas cósmicas de limpieza ha ocurrido muchas veces durante el camino evolutivo de la humanidad, y el destino del mundo actual está llegando muy cerca de repetir lo ocurrido a las antiguas civilizaciones hundidas de Lemuria y Atlántida.

Aceleración Trabajando

En Las Profecías de Sanctus Germanus Volumen 1 señalamos que nuestro sistema solar ha ingresado en el cinturón de fotones y soportaría un largo período de vibraciones incrementándose cada vez más, a lo cual le llamamos aceleración. La prueba científica de esta aceleración es difícil de lograr, pero todos la sentimos hoy en día, principalmente manifestada en el rápido paso del tiempo. Por esta deducción, reconocemos estar en medio de la aceleración, y cuando observamos nuestras propias sociedades, podemos ver que hay eventos que están ocurriendo a un ritmo acelerado, y que todos están experimentando trastornos en sus vidas.

La aceleración sirve como un enorme filtro y como un proceso de limpieza que separa lo bueno de lo malo en TODOS los niveles de la existencia humana. Preparados o no la aceleración está en vigor e incrementa su velocidad cada vez más. Nadie puede escapar de ella mientras vuelve locos a esos de vibraciones bajas. Los titulares de los periódicos relatarán en estado de shock las atrocidades individuales cometidas en unos y en otros. La locura se ha apoderado, desde las guerras regionales hasta nuestra tranquila habitación en las comunidades.

La aceleración arranca toda falsedad o pretensión y pone al descubierto la Verdad respecto a TODO asunto. Las acciones secretas que no sirven a la humanidad, desde los ciudadanos comunes en las calles hasta los líderes en los más altos niveles de poder, serán expuestas, algunas veces de la manera más pública y embarazosa. Seremos testigos de bandas de políticos deshonestos disculpándose en público por delitos menores o delitos graves en contra de sus propios electores. Los directores ejecutivos del sector financiero están siendo despedidos a diestra y siniestra, así como todos los que no sirvan a los intereses de la humanidad están siendo sumariamente eliminados. Inclusive los Gurús

Cap 1 La Batalla del Plano Astral se Manifiesta en la Tierra

vendiendo enseñanzas espirituales en caros y enérgicos seminarios están siendo expuestos. En el hogar y entre amigos, aquellos escondiéndose detrás de pretensiones e identidades falsas se expondrán a sí mismos por sus propias acciones. Estos tiempos son sólo el comienzo de la Era de la Verdad.

No habrá Disminución en la Aceleración

Lo que debemos comprender es que no habrá reducción en el incremento constante de la aceleración en los siglos por venir. La aceleración garantiza el movimiento progresivo de la evolución humana de seres físicos densos en seres espirituales más ligeros. Ningún hombre, gobierno u organización-- incluso las Fuerzas Oscuras-- pueden detenerla. Pueden ser capaces de retrasar el impulso progresivo pero no pueden detener lo inevitable. Si ellos tuvieran éxito, más energía se reuniría por detrás del gran embalse del cambio para culminar en eventos catastróficos que forzarían el avance de la evolución por acciones explosivas. Así que mirar nostálgicamente atrás a los "tiempos pasados" y el regresar a lo que solía ser es infructuoso.

Para aquellos que anhelan ver el amanecer de la Nueva Era, la aceleración no puede moverse lo suficientemente rápido. Y si ellos tienen que sacrificar mucho para qué este proceso pueda moverse rápido, entonces ellos están dispuestos a dejar ir todo lo que tienen y fluir con las energías. Sin embargo, son todavía superados en número por los que se aferran a los iconos y a las posesiones de la presente civilización. Pero si no los sueltan, entonces no podrán sobrevivir la clausura de este presente ciclo. Aquellos que fluyan con los cambios, sirviendo a la humanidad en lo mejor que puedan, sobrevivirán.

La Ley Cósmica de Periodicidad: La Naturaleza Irresistible de los Ciclos

La aceleración coincide con la inevitable finalización de un ciclo mayor. Todos los fenómenos de la tierra y el Universo se llevan a cabo en ciclos. Desde el segundo hasta el minuto, hora, día, semana, mes, año, década, siglo, milenio, eones, manvantaras, yugas, etc. nos movemos en ciclos. Como explicamos en el Volumen 2 de Las Profecías de Sanctus Germanus, estamos llegando al fin de un ciclo de 26,000 años conocido como la precesión de la tierra o el Gran Año de la Tierra. Ni la humanidad ni la Jerarquía Espiritual puede alterar este gran ciclo decreciente mientras se desempeña en el marco de las leyes cósmicas.

Todos los ciclos tienen principio y fin, y la tierra debe limpiar lo que no sirve a la humanidad con el fin de prepararse para el siguiente gran ciclo. Dentro de esta etapa final del Gran Año de la Tierra, hay múltiples mini-ciclos, todos los cuales asumen el carácter de la gran etapa menguante. Se representan con los altibajos emocionales, el alternante pesimismo y optimismo en las poblaciones, la volatilidad de los mercados, y la inestabilidad general de todo lo que se ha dado por sentado—todo ocurriendo mientras el gran ciclo total llega a su fin.

Dentro de cada ciclo se encuentran varias elecciones, las dos principales son: 1) fluir con el ciclo y permitir la limpieza o 2) batallar contra el ciclo y resistirse a la limpieza. Lo último es lo que los terrícolas están haciendo ahora.

La sabiduría y el conocimiento divino finalizarían el ciclo tan pronto como sea posible mientras que los instintos de auto-conservación de la humanidad y las Fuerzas Oscuras lo harían continuar indefinidamente. Tal cosa no es posible, pues el ciclo está incluido en la obligatoria Ley Cósmica de la Periodicidad y debe ser llevado a un fin bajo el tiempo cósmico.

Equilibrio Kármico Mundial en el Fin de Ciclo

Un mayor equilibrio del karma mundial también coincide con el ciclo acercándose a su fin y con la aceleración. La humanidad, en general, ha cedido por siglos a la dominación de las Fuerzas Oscuras en la tierra. Ha sucumbido fácilmente a la propaganda de las Fuerzas Oscuras, con poca resistencia a un régimen de dinero fraudulento y ha participado en el belicismo como un montón de ovejas apáticas. Como resultado de esto, mucho karma negativo se ha acumulado mientras las violaciones a la ley cósmica continúan cada segundo del día.

Sesenta años después del fin de la Segunda Guerra Mundial, las energías en la tierra permanecen disparatadas, inclinadas profundamente del lado de la negatividad. Todo tipo de crímenes atroces contra la humanidad, inimaginables robos por medio de la mano invisible de la inflación manufacturada y el empobrecimiento de las masas a través de la mala distribución de recursos son sólo unas pocas de las acciones que ha traído este desequilibrio.

Sobre todo, casi cada año desde la finalización de la Segunda Guerra Mundial, alguna forma de constantes guerras con fines de lucro ha tenido lugar para mantener activa su industria armamentista. Abajo hay una lista que muestra la magnitud de las actividades belicistas de las Fuerzas Oscuras y el número de fallecidos respectivo, desde el fin de la Segunda Guerra Mundial, todo lo cual ha contribuido al gran desequilibrio kármico en la tierra:

1946-49: guerra civil China (1,200,000)
1946-49: guerra civil griega (50,000)
1946-54: guerra Francia-Vietnam (600,000)
1947: División de la India y Pakistán (1,000,000)
1947: levantamiento de Taiwán contra el Kuomintang (30,000)
1948-1958: guerra civil Colombiana (250,000)
1948-1973: guerras Árabe-Israelitas (70,000).
1949-: Indos Musulmanes contra Hindúes (20,000)
1949-50: China Continental contra Tibet (1,200,000)
1950-53: guerra Coreana (3 millones).
1952-59: insurrección Mau Mau en Kenya (20,000)
1954-62: guerra Franco-Argelina (368,000).
1958-61:"El Gran salto Adelante" de Mao (38,000,000)
1960-90: Sudáfrica contra el Congreso Nacional Africano (número desconocido de muertes)
1960-96: guerra civil de Guatemala (200,000)
1961-98: Indonesia contra Papua Occidental/Irian (100,000)
1961-2003: Kurdos contra Irak (180,000)
1962-75: FRELIMO de Mozambique contra Portugal (número desconocido de muertes).
1964-73: guerra de EUA-Vietnam (3,000,000)
1965: segunda guerra India-Pakistán por Cachemira
1965-66: guerra civil Indonesia (250,000)
1966-69:"Revolución Cultural" de Mao (11,000,000)
1966-: guerra civil de Colombia (31,000)
1967-70: guerra civil Nigeria-Biafra (800,000)
1968-80: guerra civil de Rhodesia (número desconocido de muertes)

Cap 1 La Batalla del Plano Astral se Manifiesta en la Tierra

1969-: Filipinas contra el Nuevo Ejército del Pueblo (40,000)
1969-79: Idi Amin, Uganda (300,000)
1969-02: guerra civil IRA-Irlanda del Norte (2,000)
1969-79: Francisco Macias Nguema, Guinea Ecuatorial (50,000)
1971: guerra civil Pakistán-Bangladesh (500,000)
1972-: Filipinas contra Musulmanes separatistas (Frente Moro de Liberación Islámica, etc.) (120,000)
1972: guerra civil de Burundi (300,000)
1972-79: guerra civil Rhodesia/Zimbabwe (30,000)
1974-91: guerra civil Etíope (1, 000,000)
1975-78: Menghitsu, Etiopía (1,500,000)
1975-79: Khmer Rouge, Camboya (1,700,000)
1975-89: Boat people, Vietnam (250,000)
1975-90: guerra civil en Líbano (40,000)
1975-87: guerra civil de Laos (184,000)
1975-2002: guerra civil de Angola (500,000)
1976-83: régimen militar en Argentina (20,000)
1976-93: guerra civil de Mozambique (900,000)
1976-98: guerra civil Indonesia-Timor Oriental (600,000)
1976-2005: guerra civil Indonesia-Aceh (GAM) (12,000)
1977-92: guerra civil de El Salvador (75,000)
1979: guerra Vietnam-China (30,000)
1979-88: la Unión Soviética invade Afganistán (1,300,000)
1980-88: guerra Irak-Irán (1 millón)
1980-92: guerra civil Sendero Luminoso-Perú (69,000)
1980-99: Kurdos contra Turquía (35,000)
1981-90: Nicaragua contra los Contras (60,000)
1982-90: Hissene Habre, Chad (40,000)
1983-: guerra civil de Sri Lanka (70,000)
1983-2002: guerra civil Sudanés (2,000,000)
1986-: guerra civil de Cachemira India (60,000)

1987-: Intifada Palestina (4,500)
1988-2001: guerra civil en Afganistán (400,000)
1988-2004: guerra civil en Somalia (550,000)
1989-: guerra civil en Liberia (220,000)
1989-: Uganda contra el Ejército de Resistencia del Señor (30,000)
1991: Guerra del Golfo- gran coalición contra Irak para liberar Kuwait (85,000)
1991-97: guerra civil en Congo (800,000)
1991-2000: guerra civil en Sierra Leona (200,000)
1991-2009: guerra civil Rusia-Chechenia (200,000)
1991-94: guerra Armenia-Azerbaiyán (35,000)
1992-96: guerra civil en Tayikistán (50,000)
1992-96: guerras Yugoslavas (260,000)
1992-99: guerra civil en Argelia (150,000)
1993-97: guerra civil en Congo Brazzaville (100,000)
1993-2005: guerra civil en Burundi (200,000)
1994: guerra civil en Ruanda (900,000)
1995-: Sunitas Pakistaníes contra Chiítas (1,300)
1995-: rebelión Maoísta en Nepal (12,000)
1998-: guerra Congo/Zaire-Ruanda y Uganda contra Zimbabwe, Angola y Namibia (3,800,000)
1998-2000: guerra Etiopía-Eritrea (75,000)
1999: guerra de liberación de Kosovo- OTAN contra Serbia (2,000)
2001-: guerra de liberación de Afganistán-EUA y Reino Unido contra el Taliban (40,000)
2002-: guerra civil en Costa de Marfil (1,000)
2003: Segunda guerra Irak-EUA- EUA, Reino Unido y Australia contra Saddam Hussein (14,000)
2003-: Sudán contra JEM/Darfur (200,000)
2003-: guerra civil en Irak (60,000)
2004-: Sudán contra SPLM y Eritrea (número desconocido de muertes)
2004-: Yemen contra Musulmanes Chiítas (número desconocido de muertes)

Cap 1 La Batalla del Plano Astral se Manifiesta en la Tierra

2004-: Tailandia contra separatistas Musulmanes (3,700)

Guerras Árabe-Israelí

I (1947-49): 6,373 Israelitas y 15,000 Árabes
II (1956): 231 Israelitas y 3,000 Egipcios
III (1967): 776 Israelitas y 20,000 Árabes
IV (1973): 2,688 Israelitas y 18,000 Árabes
Intifada I (1987-92): 170 Israelitas y 1,000 Palestinos
Intifada II (2000-03): 700 Israelitas y 2,000 Palestinos
Guerra Israel-Hamas (2008): 1,300 Palestinos

A menos que hayan estado envueltos en alguna de estas guerras, la mayoría de lectores probablemente tengan pocos o ningún recuerdo de todas estas guerras. Las Fuerzas Oscuras han aprendido a tramar estas guerras para hacer dinero de modo que no haya inconvenientes con la población del mundo, sin embargo el desvío de los recursos de la tierra para la producción de armas y material militar ha dado como resultado una mala distribución de la riqueza en la tierra, donde las masas viven en pobreza y unos pocos llevan relativamente unas vidas confortables. Los movimientos por la paz, financiados en gran medida por las Fuerzas Oscuras, han fracasado naturalmente en detener a las Fuerzas Oscuras de fabricar guerras para lucrarse. No es de extrañar que después de tantas guerras organizadas con fines de lucro, ocasionando millones de muertes, un reequilibrio kármico es debidamente proporcional a la cantidad de indiferencia que la población del mundo ha demostrado. ¿Quién debe pagar por este reequilibrio kármico? La humanidad misma; por lo tanto el sufrimiento vendrá mientras las Fuerzas Oscuras dejen el plano de la tierra.

No hay Marcha Atrás

Mientras el calendario cósmico avanza, aquellos que añoren los viejos tiempos o anhelan que las cosas regresen a la normalidad, serán los primeros en irse mientras la agitación incrementa. Aquellos que fluyan con los cambios y tomen las medidas adecuadas para ajustar sus estilos de vida, inclusive si eso signifique desarraigarse de una vida segura y confortable, sobrevivirán a la convergencia de estos factores. Para los demás que opten por no cambiar, la supervivencia no es una opción; ellos podrán siempre reencarnar para continuar su camino evolutivo en otro contexto. Tanto si sobrevivimos a esta transición o no, todos terminaremos en el mismo punto de evolución algún día, así que como actuemos en los próximos años de agitación es puramente una cuestión de elección.

Patio Financiero Global

Es en la arena internacional que las Fuerzas Oscuras juegan sus cartas con poco escrutinio público, razón por la cual los financieros de las Fuerzas Oscuras parecen estar desconectados del resto del planeta... eso es, hasta que las cosas comiencen a desmoronarse y ellos necesiten más dinero.

Noventa y nueve punto nueve por ciento (99.9%) de la población del mundo no se da cuenta que billones de dólares circulan alrededor del mundo por mili-segundos sirviendo a los intereses de un pequeño círculo de financieros y políticos del gobierno. Sofisticados sistemas de computadoras comercian billones de acciones por mili-segundo, precipitándose a través de los mercados financieros internacionales y recaudando ganancias a partir de billones de transacciones por mili-segundo. Así es

Cap 1 La Batalla del Plano Astral se Manifiesta en la Tierra

como los gigantes bancos de inversión se embolsan billones en ganancias, mientras el mundo se retuerce por el dolor económico y billones pasan hambre diariamente.

Los bancos centrales del mundo manipulan las tasas de interés constantemente, de este modo en un lado del globo son más bajas que en el otro lado. El dinero fluye de las zonas de tipo de interés bajo a las zonas de tipo alto, fácilmente dejando una ganancia según la diferencia del tipo de interés sin ningún escrutinio público. Los fondos de cobertura sirviendo a los intereses de los bancos centrales y agencias de gobierno de las Fuerzas Oscuras, actúan como apoderados que siguen este juego del tipo de interés eufemísticamente llamado "carry trade". El más lucrativo ha sido el "carry trade Japón" donde por más de una década, los inversores tomaron prestado a bajas tasas de interés en Japón para invertir en altos títulos de interés en los Estados Unidos y en Europa. Los bancos solamente trasladaban el dinero de un bolsillo a otro, ganando billones sin producir un solo aparato.

Como el dragón cabeza de hidra en la Biblia, tan pronto como este "carry trade" se había descifrado en 2007, apareció en otras regiones del mundo. Esta vez los Estados Unidos tomaron de Japón como una fuente barata de dinero para ser invertido en otros países de mayor rendimiento. Otra vez, este comercio de miles de millones de dólares ocurre en un país financiero internacional de las maravillas mientras tiene lugar un gran sufrimiento en la población del mundo.

El enorme mercado de derivados, comercializado privada y públicamente, es un componente mayor de este patio financiero. Se dice que los grandes bancos de inversiones son dueños del noventa y cuatro por ciento (94%) de los derivados existentes. Llegando a la aberrante suma de $750 BILLONES, la implosión de estos derivados servirá como el último clavo en el ataúd de las Fuerzas Oscuras. Este es el dragón hinchado al que se refiere el libro del Apocalipsis que se cierne sobre el mundo actual, y como humpty dumpy, caerá de la pared y quedará en ruinas abajo. Cuando esta farsa monetaria colapse, llevándose consigo el papel moneda del mundo, la humanidad redescubrirá que la vida continuará en el planeta como si los derivados nunca hubiesen existido, y la humanidad se adaptará al restablecimiento del oro y la plata como medios de intercambio monetario.

Las Arenas Movedizas Astrales son la Base del Sistema Financiero

Todo el sistema económico y financiero mundial está basado en los deseos y necesidades de la humanidad. Está construido de materia astral y mental inferior. La materia astral da forma a los deseos y necesidades humanas, mientras la materia mental inferior se manifiesta como sofisticados sistemas informáticos y de comercio que el cerebro humano ha ideado para posibilitar un dominio virtual de las finanzas de esta tierra. También se manifiesta como las grandes torres de bancos y edificios de gobierno que dan la impresión de estabilidad y solidez. Sin embargo los cimientos de estas impenetrables fortalezas financieras son muy tambaleantes, construido de necesidades, caprichos y deseos astrales. Estos son los cimientos astrales hechos de arenas movedizas sobre los cuales el imperio de la Fuerza Oscura está construido.

Cap 1 La Batalla del Plano Astral se Manifiesta en la Tierra

Para alimentar este sistema, las Fuerzas Oscuras han diseñado todos los medios posibles para estimular las emociones que sujetarían a la humanidad en un mundo de deseos cada vez más grandes por las cosas materiales. El anhelo por comprar, especialmente para satisfacer vacíos emocionales personales, ha conducido al mundo por décadas. Esto es eufemísticamente llamado "gasto de consumo". Cuando estos deseos corren el riesgo de ser desalentados por la falta de dinero, las Fuerzas Oscuras reabastecen el sistema con enormes cantidades de crédito electrónico que toma la forma de tarjetas de crédito, préstamos con garantía hipotecaria, préstamos para automóviles y préstamos de crédito para consumo. Luego cuando el consumidor ya no puede pagar el crédito y los intereses, el sistema comienza a colapsar. Aquí es donde nos encontramos ahora. ¿Hacia dónde podemos ir desde aquí? Nuestros líderes prescriben más crédito como la solución. ¡Pero incluso enormes cantidades de crédito electrónico no pueden detener un ciclo cósmico llegando a su fin!

Agregando a esto, la aceleración. Todo retumba por el plano astral de la tierra y luego en los planos etérico y físico. En el plano astral esto causa conmoción y trastorno emocional, que a su vez desencadena emociones tales como miedo, pánico, autocomplacencia y locura en nuestros cuerpos astrales. La humanidad y sus mercados están sobrepujando de un extremo del espectro emocional al otro, y los cimientos astrales tambaleantes de los sistemas bancarios y financieros mundiales comienzan a sacudirse y eventualmente a desintegrarse. A pesar de la impenetrable apariencia de sus edificios e infraestructura, todo el sistema estas sentado en nada más que arenas movedizas emocionales que están siendo bombardeadas por la aceleración. Esto es el por qué este sistema de finanzas está destinado a ser absorbido por las arenas movedizas astrales y venirse abajo.

La Estrategia de Arrasar la Tierra

Caminando en estas arenas movedizas de deseos y necesidades astrales, las Fuerzas Oscuras están muy conscientes que su campo de recreo financiero está cerca de cerrar. Ellos también, comprenden la naturaleza de los ciclos y el karma. Los magos negros bajo su mando también pueden ver el fin del ciclo sideral, y cómo la aceleración entrante puede enturbiar sus sistemas. Éstos son hechos cómicos innegables. En consecuencia, ellos han adoptado la estrategia de arrasar la tierra: si ellos caen arrastrarán a toda la humanidad con ellos. Semejante estrategia presagia una lucha significante que resultará en muchos "daños colaterales" a la sociedad humana.

Los científicos y magos negros de las fuerzas oscuras claman tener los medios para alterar los ciclos cósmicos y provocar o interferir con los cambios geológicos en la estructura de la tierra. Ellos dicen poseer tanto poder y habilidad como las fuerzas de luz de la Jerarquía Espiritual. Esta fanfarronería aún no se comprueba en la acción pero muestra el alto nivel de resistencia a la dirección cósmica que podemos esperar de ellos.

Lo que ellos controlan y manipulan son sus propias invenciones: los mercados mundiales de valores, el intercambio de mercancías, los mercados de subasta de bonos, y los mercados privados y públicos de derivados. Ellos también controlan la cortina de humo gigante mundial, los medios de comunicación, lo cual es como el panel de control para el plano astral de la tierra desde donde ellos manipulan los cuerpos emocionales de la población mundial.

A través de los medios de comunicación, las Fuerzas Oscuras controlan el estado de ánimo psicológico de las masas, pintando cuadros optimistas para engañar a inversionistas privados para que inviertan más de su dinero en los mercados. Unas cuantas migajas son arrojadas en su camino y más inversionistas llegan de prisa. Una vez el dinero está en el mercado, las Fuerzas Oscuras pueden cambiar la dirección de los mercados y obtener grandes sumas de dinero a través de sus inversiones contrarias.

Las Fuerzas Oscuras han diseñado los mercados para que ellos puedan tener ganancias cuando los mercados suban y cuando bajen. Cuando ellos ven grandes números de inversionistas apostando cuando los mercados están al alza, ellos cierran de golpe el mercado a la baja y toman el dinero de los inversionistas. Mediante el control de ambas direcciones de los mercados, ellos "ganan" de cualquier manera. Y a través del coro orquestado en los medios de comunicación, pueden obtener inversionistas corriendo en cualquier dirección. Las Fuerzas Oscuras siempre adoptarán posiciones opuestas a las de los inversionistas del mundo para llevarse los beneficios a su voluntad. Aún los más expertos técnicos y analistas de mercado no pueden predecir exactamente los caprichos de aquellos que controlan los mercados, ya que ellos todavía están bajo la ilusión de que las fuerzas de libre mercado están detrás de los mercados financieros. Es un juego de manipulación psicológica, donde las Fuerzas

Oscuras han dominado como utilizar el "instinto gregario" del género humano para su propio beneficio.

Como si estuvieran burlándose del sufrimiento del mundo por los efectos de una depresión económica sin precedentes, los agentes de las Fuerzas Oscuras, los grandes bancos comerciales y de inversión, continúan cavando en los mercados de derivados por ganancias obscenas. Ellos han regresado al comedero incluso después de la crisis de 2007 a 2008. Ahora, merced de sus fondos de su colisión con los gobiernos, ellos continúan especulando en derivados relacionados a alimentos básicos de las poblaciones del mundo como arroz, trigo, soya y maíz; como si ellos existieran en un país financiero de las maravillas de ganancias, en otro planeta. Ellos juegan con los derivados de la energía esenciales en los mercados de materias primas, en gas natural, petróleo e incluso fuentes alternativas de energía como si estuvieran completamente separados de la humanidad, llevando los precios fuera del alcance de la persona común y causando sufrimientos inenarrables a la población mundial. Su completa indiferencia por las consecuencias sociales y económicas de sus acciones sólo refuerza nuestro punto de vista de que las Fuerzas Oscuras son los retrocesos de almas in-evolucionadas.

El curso cósmico presagia la destrucción de las Fuerzas Oscuras. Sus agentes, la industria bancaria, saben que el sistema bancario está insolvente y es irrecuperable. Como ratas abandonando el barco que se hunde, las juntas directivas, sus directores ejecutivos y todo el personal administrativo de alto nivel empujan para sacar provecho a cada centavo del barco que se hunde. Indignantes bonificaciones

Cap 1 La Batalla del Plano Astral se Manifiesta en la Tierra

ejecutivas son un indicio de esta política de salida. Cuando su codicia, pánico y desesperación se incrementan, cualquier semblanza de moral básica, por ej. "No robarás", es borrada de la conciencia.

Como el errante Lucifer que en desafío a la Jerarquía Espiritual eligió el sendero de la oscuridad, las Fuerzas Oscuras están aún conscientes de la presencia constante de la Jerarquía Espiritual gobernante observando sus actos. Sin embargo en total desafío a las leyes cósmicas y al escrutinio de la Jerarquía Espiritual, proceden a realizar su estrategia de arrasar la tierra. La conformidad de la humanidad los ha envalentonado.

Cada batalla es realizada en mini ciclos. Después de cada crisis, las arenas movedizas de pánico, miedo, necesidades y deseos ceden temporalmente hasta que la aceleración irrita de nuevo al plano astral, enviando pánico por todos los mercados. Esta es una prueba de resistencia: por un lado la Jerarquía Espiritual con energía cósmica ilimitada y por el otro las Fuerzas Oscuras con sus fuerzas materiales y dinero. Eventualmente, las energías de las fuerzas más elevadas agrietaran el control de las Fuerzas Oscuras en sus mercados mientras se desliza gradualmente con cada onda de aceleración. Hasta entonces no están dispuestos a darse por vencidos. Ellos ya tienen planeado que hacer cuando el mundo este de rodillas financiera y económicamente y haya una amenaza de insurrección y revolución del público.

La propagación de enfermedades fabricadas por el gobierno está ya en marcha. El virus del SIDA-VIH es un ejemplo. Otra pandemia intentada tal como el pánico del SRAS ha fallado en materializarse, y más medidas draconianas están planeadas. Esta vez los agentes de salud y los medios de comunicación de las Fuerzas Oscuras aumentarán las tácticas de miedo para sembrar pánico ente el público aceptando vacunaciones masivas. Al obligar la vacunación en una población que actúa como ovejas, las Fuerzas Oscuras planean propagar en lugar de detener las pandemias.

Cada vacuna será cargada, no con el antídoto para la pandemia específica, sino con más enfermedades "incurables" que puedan eclosionar en las pandemias concretas que han estado tratando de ocasionar. Los vacunados servirán como portadores vivos de enfermedades que infectarán a las personas con quien ellos se pongan en contacto. La imaginación sólo podrá asombrarse ante los estragos que las siguientes pandemias causarán al mundo.

El objetivo es reducir la población a números manejables. La explosión demográfica fuera de control en la tierra durante los pasados dos siglos ha hecho casi imposible para las Fuerzas Oscuras tener a la población mundial bajo su completo control.

Poblaciones afectadas por la pobreza, hambrientas son mucho más fáciles de controlar que las opulentas, por tanto una pandemia en un país pobre no tendrá el mismo efecto que en una nación próspera donde la oposición puede fácilmente surgir de un público educado.

Acumulación de Oro y Plata por las Fuerzas Oscuras

Parte de la estrategia de salida de las Fuerzas Oscuras consiste en vaciar todos los focos existentes de riqueza-- gobierno y fondos privados de pensiones, fondos fiduciarios, acciones y bonos, derivados, cuentas privadas de jubilación. Conociendo que el papel moneda y otros instrumentos financieros de papel que han inventado pronto quedarán sin valor, han estado adquiriendo enormes cantidades de oro, plata y metales preciosos con papel moneda o dinero electrónico. A través del mercado de futuros de derivados de oro, han sido capaces de mantener el precio del oro a precios artificialmente bajos para dar al papel moneda incluso más poder de compra. Este es otro hábil truco más de "obtener algo por nada", *una alquimia que transforma el papel sin valor en oro.*

Hay también reportes fidedignos que las Fuerzas Oscuras, en confabulación con los gobiernos, han estado sustituyendo las reservas oficiales de barras de oro puro (es decir, tal como el almacén en Fort Knox) con barras de tungsteno bañadas en oro, un atraco que pasará a la historia como el más grande robo. Cuando sea revelado al público, este escándalo socavará los cimientos del sistema monetario mundial y lo conducirá a su colapso.

Cuando esta ingeniosa fiesta se acabe, y las Fuerzas Oscuras hayan acumulado su colosal provisión de oro, el precio del oro en el mercado mundial se disparará más allá de los límites imaginables. Esta será la señal que las Fuerzas Oscuras han acumulado suficiente oro y plata para controlar el mundo.

Sin embargo, poco saben ellos respecto a que el oro porta cualidades esotéricas intrínsecas como la purificación, visualización y reequilibrio que crearán estragos en ellos. Entre más oro atesoren, más purificará y reequilibrará las preponderantes energías masculinas que ellos usan para controlar el mundo.

Así, desde una perspectiva oculta, el oro se unirá a los otros factores de aceleración, finalización cíclica y karma para socavar a las Fuerzas Oscuras.

Confabulación del Gobierno con las Fuerzas Oscuras

Para su sistema de soporte de vida, las fuerzas oscuras pueden forzar a los gobiernos democráticamente electos, a las oligarquías y a las dictaduras a transferir su respectiva riqueza nacional desde sus países hasta las arcas de las Fuerzas Oscuras en Suiza y otras capitales financieras. Denominados "rescates financieros" del gobierno, estas transferencias de enormes sumas de dinero a las arcas de las Fuerzas Oscuras se presentan como "la salvación del pueblo" de una crisis financiera sistémica. En realidad es una estratagema para vaciar las arcas del gobierno antes que la confianza en el dinero electrónico y el papel moneda se desmorone a fin de convertir dinero fantasma en oro sólido.

Los gobiernos deben cumplir con las demandas de las Fuerzas Oscuras, porque todos los gobiernos están muy endeudados con ellos. Las Fuerzas Oscuras mantienen los bonos de los estados y los instrumentos de deuda a través de sus agentes y apoderados, es decir los bancos y fondos de cobertura. De este modo como acreedores, ellos pueden obligar a cualquier gobierno nacional que esté endeudado con ellos a hacer cualquier cosa que les plazca, siendo el Reino Unido y los Estados Unidos los principales ejemplos.

La crisis financiera mundial ha traído así a la superficie y a la atención pública la completa connivencia entre los gobiernos nacionales y las Fuerzas Oscuras. Es una connivencia que ha estado sucediendo por siglos, sólo entre monarcas, dictadores, emperadores, oligarquías y líderes militares. La diferencia en el mundo de hoy es que no hay esfuerzo en ocultar la magnitud de la connivencia, y los fondos de los gobiernos son descaradamente pasados a través de los bancos internacionales a las manos de las oficinas de contabilidad en Suiza con una actitud de "tómalo o déjalo"

Las protestas públicas en contra de esta connivencia han caído en oídos sordos, mientras los cuerpos legislativos aprueban políticas "para el bien del pueblo". Por ejemplo, el Congreso de los Estados Unidos bajo la presión de los bancos no sólo aprobó el rescate financiero de los bancos sino que también aprobó una ley para cambiar las reglas contables, así los bancos ya no tendrán que tasar sus activos de acuerdo al mercado sino que solamente como a ellos les plazca. Como resultado de esto, sus tóxicos valores de cartera de activos repentinamente se tornan en ficticios valores de la noche a la mañana, y los bancos quebrados de repente se declaran a sí mismos de nuevo con ganancias. Se la han arreglado para engañar al público haciéndolo pensar que la economía y el sistema financiero están en vías de recuperación. En realidad los financieros saben que la situación es desesperanzadora y que es cuestión de tiempo antes de que todo el sistema colapse.

Las Burocracias Gubernamentales Luchan por Sobrevivir

La supervivencia de las burocracias gubernamentales provinciales, estatales, nacionales e internacionales, todas las cuales últimamente dependen de los ingresos fiscales para existir, está ahora en peligro. Cuando las arcas gubernamentales se vacíen, sus burocracias serán dejadas sin salida. Ahora, están luchando por salvarse de la extinción tratando de convencer a una población cansada y quebrada, de que sus servicios son vitales para salvar a las personas del colapso de la economía. A la vez que la gente vive sin hogar en carpas sufriendo afuera de las capitales, las burocracias piensan en su propia supervivencia primero. Elaborarán políticas para elevar impuestos y preservar sus salarios y feudos. Cuando el público rechace sus incrementos de impuestos, tomarán represalias imponiendo tasas y comisiones al público por sus servicios. La policía y brigadas de aplicación de la ley se esconderán detrás de las curvas sin visibilidad en las carreteras para atrapar a conductores con exceso de velocidad e incrementar la recaudación diaria en ingresos por multas. Gastan millones en dispositivos "de control" de alta tecnología para monitorear parquímetros, hacer cumplir los límites de velocidad y pagar personal de apoyo para administrar la recaudación de mayores ingresos. En algunos países, incluso cuando los burócratas no están recibiendo un pago, ellos todavía continúan sentados en sus escritorios y ejercen todo el poder que tienen para explotar a la gente con extraordinarias tasas, sanciones, sellos, impuestos menores sobre artículos de consumo y comisiones.

Para calmar la posible reacción del público, las burocracias pretenden trabajar para la gente reduciendo personal y recortando gastos. En realidad solo el personal de bajo nivel y trabajadores por contrato son despedidos, mientras los asalariados y los titulares se quedan. Estos últimos representan a los burócratas gubernamentales que en virtud del tiempo que han pasado "en servicio" esperan sobrevivir y así podrán vivir de sus pensiones de jubilación del gobierno.

Sin embargo, durante la última década, las Fuerzas Oscuras han elegido como blanco ambos fondos para pensiones, privados y gubernamentales y al final tendrán éxito en drenarlos de todo su valor, desde que los fondos han invertido en acciones y bonos en los mercados que las Fuerzas Oscuras poseen. Además, cuando estos fondos de pensiones comiencen a balancearse en la bancarrota, los mismos organismos gubernamentales y las aseguradoras privadas que se supone garantizan estos fondos de la insolvencia también se encontrarán efectivamente en quiebra. Dejar a los jubilados abandonados es parte de "los daños colaterales" que las Fuerzas Oscuras planean infligir a las poblaciones alrededor del mundo mientras ellos se van.

Los objetivos de las campañas de vacunación masiva son trabajadores institucionales como burócratas del gobierno y los empleados de las grandes corporaciones que estarían asociados con estas grandes reservas de dinero para pensiones. Ellos constituyen un sector educado de la sociedad que debe ser reprimido antes que las Fuerzas Oscuras puedan proceder con la extracción de más valor de sus fondos de pensiones.

Así mientras los ingresos fiscales disminuyan con la depresión económica y las Fuerzas Oscuras agoten las pensiones de retiro de la gente; empobrecidas, las estructuras burocráticas escasas de efectivo deben buscar algo para sobrevivir. En los cuartos traseros de estas estructuras burocráticas, la perspectiva de la guerra comienza a parecer bastante atractiva.

David y Goliat

La evidente connivencia entre las fuerzas oscuras y los gobiernos confirma que las abrumadoras fuerzas negativas rigen el mundo de hoy. Es de nuevo el escenario de David y Goliat en juego, mientras portadores de luz dispersos, con poca o ninguna fuerza material, se enfrentan contra poderosas fuerzas militaristas respaldadas por un monopolio de dinero. Sin embargo esa piedra que derribó a Goliat sigue en manos de la Jerarquía Espiritual y sus fuerzas de luz, como veremos a continuación.

El Karma Mundial Conduce a un Probable Escenario de Guerra

Mientras el mundo sigue sufriendo indiferente y dormido, las Fuerzas Oscuras están preparando otra guerra que esencialmente suprimirá todas las libertades y someterá a la población del mundo a un nuevo y aún más draconiano régimen a través de su control global del oro, el único remanente de dinero en la tierra.

El aberrante mercado de papel de derivados de $750 billones que se cierne sobre la tierra hoy en día colapsará, llevando a la mayoría de la industria bancaria y financiera con él. Es sólo cuestión de tiempo antes que los augurios de aceleración perforen este globo del valor del papel. *La limpieza de esta enorme deuda es una precondición absoluta antes de que la humanidad pueda acercarse a la Nueva Era.*

Sin embargo este colapso conducirá a más agitación y sufrimiento: 1) el mundo se hundirá más en una depresión económica y financiera sin precedentes y 2) la unión Fuerzas Oscuras-Gobierno creará una guerra mundial. Lo más probable es que semejante conflagración estalle en el Oriente Medio por el año 2012.

Los Objetivos de las Fuerzas Oscuras para la Guerra

Los planes para esta gran guerra han estado sobre la mesa durante décadas. Como parte de estos planes, las Guerras de Irak y Afganistán permitieron a las Fuerzas Oscuras situar tropas enemigas en el Oriente Medio y en Asia Central. Mientras la inestabilidad crece dentro y fuera de esta región, el mundo debería tomar nota que las potencias nucleares del mundo están convergiendo en esta región --Irán, Rusia, Pakistán, los Estados Unidos, el Reino Unido, China e Israel. Las Fuerzas Oscuras controlan ambas partes en conflicto, y pueden fácilmente hacer estallar las tensiones existentes en el Oriente Medio en una mayor conflagración con consecuencias vastas e incontrolables.

Lo que está planeado es algún tipo de conmoción que causará tal indignación general para que el público pueda ser llevado como muchas ovejas de vuelta a otra guerra mundial. Esta vez, sin embargo, no habrá "buenos contra malos" o los Aliados contra las Potencias del Eje como en la Segunda Guerra Mundial. En lugar de eso las dos partes en conflicto estarán expuestas como las dos caras de una misma moneda.

Si la humanidad está convencida de que la guerra en medio de una depresión económica traerá alivio a sus problemas económicos y financieros, estará caminando hacia una trampa puesta para lograr su esclavitud. De nuevo, en otro caso de consentimiento, más karma negativo será añadido a un ya desbordante pote de karma mundial, y la humanidad tendrá que pagar un alto precio por medio del sufrimiento.

Por parte de las Fuerzas Oscuras, la guerra es siempre una excusa para suspender los derechos humanos básicos y tomar más y más medidas draconianas para esclavizar la población del mundo. Podemos ver el ascenso de la Alemania Nazi y los pogromos Estalinistas en la URSS de la post-Guerra, la asunción del comunismo en Europa del este, China, Corea del Norte y Vietnam del Norte como ejemplos de lo que resultó de la Segunda Guerra Mundial. La guerra no trajo una victoria aliada como los libros de historia pregonan, sino que dejó esclavizada a más de la mitad de la población mundial bajo regímenes totalitarios.

Un pueblo empobrecido resultante de la peor depresión económica en la historia humana es pasto seco preparado para los belicistas. ¿Se alinearán voluntariamente hombres y mujeres para unirse a la maquinaria de la guerra con el fin de alimentar a sus familias? ¿Serán los demás guiados a campamentos del gobierno en donde controlarán lo que ellos comen, cómo se visten y cuando se irán a dormir-- todos los aspectos de sus vidas?

La Liberación del Karma Negativo

Esta vez, sin embargo, la estrategia de las Fuerzas Oscuras para incitar a otra guerra con fines de lucrarse fracasará. Creemos que esta guerra activará algo parecido a una liberación kármica que podría causar que la guerra se propague incontrolablemente. Las energías femeninas cabalgando en las alas de la aceleración forzarán a un reequilibrio del karma negativo edificado, y esto parecerá incrementar la intensidad de la guerra. Este reajuste se traducirá en un gran sufrimiento para un mundo que ha cedido a las Fuerzas Oscuras por tanto tiempo, pero al mismo tiempo debilitará a las Fuerzas Oscuras considerablemente.

Las Fuerzas Oscuras están muy familiarizadas con la Ley del Karma y desde su punto de vista retorcido, tratarán de convertir este reajuste kármico en otra oscura oportunidad de ganar más dinero, así como también someter a la población del mundo a un control más totalitario. Si ellos tienen que pasar por este episodio kármico, ¿por qué no aprovecharse de ello y girar todo el conflicto a su favor?

En este punto crítico, las fuerzas oscuras podrían prevalecer, si la humanidad cede a ellas. Y este es el gran "SI", por el momento un estallido se efectúa, la población del mundo estará lamentándose bajo los efectos de la depresión económica. Los gobiernos y el mundo corporativo silenciosamente acordarán que una guerra en este punto vigorizará la economía mientras incrementan la propaganda patriótica. El público puede ser fácilmente manipulado hacia una posición de silenciosa bienvenida a la guerra como una "solución" a sus males. Un trabajo en una fábrica de armas o unirse a la milicia, por ejemplo, pondrá comida en la mesa y vestirá a los niños. Este dilema es colocado ante toda la humanidad: ¿Se pondrá del lado de la luz o cederá una vez más ante las fuerzas de la oscuridad?

La Jerarquía Espiritual ya ha determinado que esta guerra será la última guerra con fines lucrativos y el final del belicismo de las Fuerzas Oscuras. Las Fuerzas Oscuras erróneamente creen que serán capaces de controlar este episodio como lo han hecho con los demás incontables y rentables conflictos regionales. Ellos son, después de todo, maestros de la guerra. Pero esta vez, perderán el control a tal punto que el resultado de la guerra quedará abierto para que las fuerzas de la luz lo determinen.

Tan repugnante como es la guerra, las fuerzas de la luz no deben errar por desear mantener el *status quo*. Desde un punto de vista esotérico, la guerra debe ser vista como un reequilibrio kármico que destruirá la infraestructura de las Fuerzas Oscuras para el belicismo y el control monopólico del dinero. En cambio las fuerzas de la luz deben aprovechar esta oportunidad para fomentar la total desaparición de las Fuerzas Oscuras en la guerra que han creado. Esto se puede lograr a través de la resistencia mental activa en todos los niveles de la sociedad. (Ver capítulo cinco)

Sin embargo dada la apatía en el mundo de hoy y la desmedida colusión entre los gobiernos democráticamente electos y las Fuerzas Oscuras, la pregunta sigue siendo: ¿serán capaces las fuerzas de la luz y el público en general de reunir los medios necesarios para orientar el resultado de semejante guerra?

La Opción de la Humanidad

La humanidad puede determinar el resultado de esta guerra: se puede resistir a todos los intentos de las fuerzas oscuras de arrastrarla a la guerra. Esta resistencia debe provenir de todos los niveles de la sociedad y puede ser tanto física como mental. Sin embargo, dadas las actuales circunstancias abrumadoras terrenales en contra de las dispersas fuerzas de la luz, la humanidad debe pedir la ayuda de la Jerarquía Espiritual. ¿Pero qué sabe la humanidad de la Jerarquía Espiritual hoy en día? La respuesta es: prácticamente nada. Hoy en día, el mundo en general es casi totalmente ignorante de la existencia de la Jerarquía Espiritual, la única fuerza que puede salvarle de esta situación. Esta es la razón por la que los portadores de luz son tan importantes porque están llamados a ser los representantes en la tierra de la Jerarquía Espiritual en este momento crítico y deben llevar esta información a sus comunidades.

Incluso si el mundo se ve forzado hacia una guerra mundial, entre más se oponga mentalmente la opinión pública a la guerra e invoqué la ayuda de la Jerarquía Espiritual, más corta será la conflagración. Pero si una parte importante de la humanidad accede a la guerra y construye más karma negativo para buscar en ella, ya sea conscientemente o inconscientemente, una panacea para sus problemas económicos y financieros, entonces la guerra se hará interminable, y el mundo sufrirá enormemente. Una población mundial opuesta entre sí en cuanto a la legitimidad de la guerra es la situación ideal para las Fuerzas Oscuras. "Divide y vencerás" es su lema.

La Opción de la Jerarquía Espiritual

De este modo nos encontramos en un punto similar en el ciclo sideral, a cuando al final de un Año de la Tierra previo, le fue dada a la Atlántida la opción de hundirse o enmendar su camino. En ese momento, habían desarrollado una tecnología usando el sonido como un arma; y cuando le apuntaba a un ser humano, podía causar que los órganos del cuerpo explotaran. Era una tecnología no muy diferente a nuestros láseres de hoy. Además, ellos descubrieron que mediante la acumulación de dinero por poder y belicismo, podían controlar a las masas. Debido a su obstinación, los órganos del gobierno de la Hermandad de Luz no tuvieron más alternativa que hundir el continente y comenzar de nuevo.

Estos mismos Atlantes reencarnados han ejercido el mismo régimen en el mundo de hoy, y de nuevo nos enfrentamos a la misma elección: abandonar el monopolio del dinero y renunciar al belicismo o hundirnos. En cambio sólo vemos rebeldía. De este modo, estamos precariamente al borde del mismo precipicio como la Atlántida antes de su destrucción. Ellos hicieron su elección, y el resto es historia cósmica.

Entre la Espada y la Pared

Si la próxima guerra mundial juega a favor de las Fuerzas Oscuras y la humanidad continúa siendo como ovejas, apática, temerosa y conformista, la entrada de la humanidad en la Nueva Era estará en juego. Para detenerles, las fuerzas de la luz tendrán que invocar la ayuda divina la cual puede consistir en catastróficos cambios en la tierra para asestar un golpe definitivo a la mayor parte de la infraestructura y ciudades de las Fuerzas Oscuras. Esta es la razón por la cual las fuerzas de la luz puedan encontrarse entre "la espada y la pared", es decir, invocando devastadores cambios en la tierra para asestar el golpe final a las Fuerzas Oscuras, conociendo al mismo tiempo el sufrimiento humano ante un golpe de este tipo. El mundo debe hacer frente a esta difícil decisión y debe llegar a darse cuenta que hay mayores problemas que la seguridad y necesidades personales y egoístas. Lo que está en juego es la evolución de la humanidad y la entrada a una era mucho mejor y de grandes promesas.

Cap 1 La Batalla del Plano Astral se Manifiesta en la Tierra

En respuesta a la amenaza de catastróficos cambios en la tierra, las Fuerzas Oscuras han hecho saber que ellos también tienen el poder para causar cambios en la tierra en forma de terremotos y patrones climáticos dirigidos tales como huracanes, ciclones, e inundaciones. ¿Realmente pueden hacerlo? Su arrogancia no tiene límites.

La Carta de Triunfo

La Jerarquía Espiritual siempre ha mantenido el triunfo cósmico con respecto a las civilizaciones errantes. Ha tenido que utilizar su mejor carta para hundir las civilizaciones Lemuriana y Atlante a fin de impedirles alcanzar los puntos más altos de maldad. Por tanto los cambios en la tierra no sólo son invocados para limpiar la tierra física de la contaminación y el deterioro ambiental sino también para rectificar los profundamente arraigados errores morales suscitados por las diversas Razas Raíz, una situación en la cual nos encontramos hoy en día.

Creemos que la carta que dará el triunfo actualmente consiste en un diluvio mundial. Esta vez, enormes capas de hielo terrestre, situadas en el continente de la Antártida y en Groenlandia en el Ártico, corren el riesgo de deslizarse hacia dentro del mar causando un aumento significativo en los niveles globales del mar. El calentamiento general de la tierra ha provocado que estas enormes capas de hielo se desprendan de los principales glaciares de la tierra y se deslicen hacia el océano. Recientemente, los científicos han observado que mientras las capas de hielo se deslizan, la fricción entre el suelo y las capas de hielo en movimiento genera calor y crea un complejo "sistema de plomería" de ríos, lagos y arroyos de hielo derretido, debajo de las capas de hielo. Esta agua del deshielo "lubrica" el movimiento de las capas de hielo hacia el océano a una velocidad aún mayor.

El mundo científico y político no debería contentarse con la idea de que tomará siglos para que los dos casquetes polares se derritan para causar algún aumento significativo en los niveles del mar. Las capas de hielo se pueden deslizar hacia dentro del mar y elevar el nivel del mar catastróficamente mediante los desplazamientos en cuestión de días.[1]

También los modelos de aumento potencial en el nivel del mar en la tierra han ignorado los efectos del fenómeno de deshielo subglacial y las vastas corrientes de hielo vertiéndose en el mar por debajo de las capas de hielo. Islas frente a la costa de la India ya han sido sumergidas. La República de Kiribati otros países insulares en el Pacífico Sur, las Maldivas en el Océano Índico ya están desapareciendo bajo los niveles del mar en aumento. Sus poblaciones están siendo evacuadas tranquilamente hacia los países continentales vecinos.

Si estas capas de hielo caen en el océano, está estimado que el nivel global del mar se elevará a más de 200 pies o alrededor de 65 metros en cuestión de días. Estimaciones científicas americanas[2] de que las tres principales capas de hielo puedan potencialmente caer en el mar y provocar los siguientes aumentos en los niveles del mar:

---

[1] Robin E. Bell, Director del Centro de Ríos y Estuarios, Instituto de la Tierra Universidad de Columbia, "El Hielo Inquieto Dice Mucho Sobre el Calentamiento Global", *Científico Americano* no. 298.2 (2008) págs. 60-67.
[2] Ibíd.

Antártida Occidental = 19 pies / 6 mts. de aumento del nivel del mar.

Groenlandia = 24 pies / 7.3 mts. de aumento del nivel del mar.

Antártida Oriental = 170 pies / 52 mts. de aumento del nivel del mar.

Con la simple orden del Mahachohan de la Jerarquía Espiritual, poderosas energías pueden ser enfocadas en estas capas de hielo para hacerlas caer en el mar. Una vez más, no tenemos que esperar siglos para que el hielo se derrita para elevar el nivel del mar. El desplazamiento de esta enorme masa de hielo terrestre puede causar un aumento significativo en el nivel del mar en cuestión de días, cubriendo todas las principales ciudades costeras e inundando todas las capitales financieras del mundo, incluyendo a Nueva York, Londres, Dubai, Singapur, Bombay, Hong Kong, Toronto, Shangai. La Jerarquía Espiritual puede llevar a cabo esta acción si se hace evidente que la humanidad no puede o no quiere reunir la luz necesaria para derrotar a las Fuerzas Oscuras.

La propaganda del gobierno promoviendo la complacencia por el aumento de los niveles del mar debe ser descartada, y el eventual deslizamiento de estas capas de hielo en el mar ya está en una etapa crítica.

A Buen Entendedor Pocas Palabras

La batalla entre las fuerzas de la luz y la oscuridad nunca estuvo destinada a ser fácil, y como hemos observado desde que inició la crisis financiera mundial las Fuerzas Oscuras no se marcharán sin una batalla campal. Pero los verdaderos órganos de gobierno de la tierra, la Jerarquía Espiritual, no permitirán que las Fuerzas Oscuras entren a la Nueva Era con el resto de la humanidad, de modo que hasta que estén completamente aniquiladas, debemos esperar en el umbral de la Nueva Era.

Mientras la guerra comienza, todos los instrumentos monetarios de papel y las monedas habrán perdido un valor significativo, seguido de un periodo de confusión respecto al dinero. Con sus enormes reservas de oro, las Fuerzas Oscuras mantendrán un monopolio de poder, y con este poder comenzarán la ejecución de sus planes para esclavizar a la humanidad.

En el Volumen 1 recomendamos encarecidamente que el lector comenzara a acumular monedas acuñadas de oro y plata. Entonces en 2001, estas monedas de oro y plata fueron valuadas en USD 270 y USD 6.00 por onza en cada pieza respectivamente.

Hoy en día están valoradas cerca de USD 1200 y USD 25.00 por onza en cada pieza respectivamente. A pesar de este aumento, aunque significativo, no debería disuadir a los lectores de hoy de tomar todas las medidas posibles para acumular estas monedas lo mejor que puedan. Comparado a lo que ocurrirá en el futuro, estas monedas están aún baratas.

Esas tenencias de plata y oro serán capaces de mantener su independencia contra el creciente abuso de sus derechos y libertades básicas. También pueden servir a la humanidad para ayudar a aquellos menos afortunados. Aquellos sin estos metales preciosos deben recurrir al trueque o a donaciones del gobierno y estarán sujetos bajo su control.

Muchos seguidores de la Nueva Era poco prácticos, descartan el valor de la plata y el oro, no queriendo tener nada que ver con este "vil metal". Ellos piensan que están bajo la protección de Dios y que de alguna manera todas sus necesidades serán cubiertas no importa cómo. Es cierto que la voluntad divina cubre todas las necesidades, sólo si cada uno toma el primer paso. El consejo del Maestro Saint Germain de hace más de 10 años atrás, fue comenzar a adquirir estos metales preciosos para su uso en este período de agitación.

Adquiere estos metales moneda por moneda si es necesario, y este esfuerzo invitará a la ayuda divina. Pero si no haces nada a pesar de estas advertencias, entonces sólo sufre las consecuencias. ¿Qué más puede hacer la Jerarquía Espiritual que darte información válida sobre la cual actuar?

La una vez más rica nación del mundo, los Estado Unidos ha sido dejada sin nada. Eso existe en las arenas movedizas de la deuda. Otras naciones siguen detrás. Para las Fuerzas Oscuras, el estado-nación ha sido siempre sólo una conveniente unidad de extracción de riqueza, y el sistema financiero, principalmente a través del mercado de derivados, está diseñado para drenar las arcas de los individuos y las naciones-estado a quienes les quedan algunos recursos. Pero ¿con qué finalidad, pueden preguntarse? Con dos objetivos muy ignorantes y cerrados: el monopolio del poder y la subyugación de la humanidad.

La concentración de poder y dinero está tendiendo hacia China, el país más solvente en el mundo. China ha acumulado grandes reservas de plata, ya que ha servido como el medio principal de intercambio durante siglos. Se requeriría de una simple declaración de que China apoyará la moneda de plata para poner a todo el mundo de las monedas de curso legal de rodillas. Esto es cuán frágil y volátil es el actual sistema financiero. Esta posibilidad se cierne sobre la tierra hoy en día como otra sub-estrategia de la política de salida de las Fuerzas Oscuras.

Se Avecinan Insurrecciones y Revueltas

En los años por venir, mientras el público esté sometido a más y más sufrimiento a manos de sus gobiernos y la cada vez más profunda depresión económica, más desórdenes públicos es lo que se depara. Muy consciente de esta posibilidad, las fuerzas de la oscuridad han establecido medidas para reprimir protestas y revueltas, es decir sofocar cualquier resistencia a sus medidas draconianas.

Las medidas y equipamiento de seguridad pública ya han sido puestos en marcha en anticipación de los seguros disturbios que la profunda depresión económica traerá. La gente ya ha sido rebajada a ovejas mientras pasan por puntos de control de seguridad en aeropuertos, trenes y edificios en donde son registrados a la fuerza bajo pena de encarcelamiento. Queda por ver hasta qué grado una población empobrecida será capaz de resistir más medidas.

Así, además de la posibilidad de la tercera guerra mundial, la agitación interna en los países está también gestándose. ¿Será esto suficiente para revertir la hegemonía que las Fuerzas Oscuras ejercen sobre las poblaciones del mundo?

La Vigilancia y Perspicacia Requeridas

Las Fuerzas Oscuras son de todas las razas y están arraigadas en posiciones de poder y dinero en todos los países del mundo. Ellos son americanos, europeos, sudamericanos, árabes, hindúes, africanos, chinos, paquistaníes, iraníes, etc. como hemos visto en la banca mundial y en los sistemas gubernamentales. Estas fuerzas se mueven sobre la tierra como si no hubiera fronteras. El estado-nación es su unidad de victimización, y su infiltración en todos los gobiernos es un hecho exhibido sin rodeos frente al público.

Las Fuerzas Oscuras son sumamente inteligentes aunque de una baja naturaleza espiritual, y a través de sus magos negros y su creciente monopolio de oro, intentarán arrastrar a la humanidad mientras ellos salen. Es una especie de estrategia de toma de rehenes mundial.

Debemos ser cautelosos y discretos en nuestros movimientos y actividades, y darnos cuenta que ellos todavía ejercen enorme poder físico que incluso podría resultar en una intervención extraterrestre, si es necesario.

El control de la información a través de los medios de comunicación está firmemente en las manos de las Fuerzas Oscuras, por tanto todos los artículos de noticias deben ser considerados como manipulación mental diseñados para llevar al público en la dirección deseada. Para contrarrestar este control, el Internet, una innovación que el Maestro

Saint Germain tan sabiamente introdujo en el mundo, ha desempeñado un papel importante en la descentralización de la información, y más y más personas del público están siendo despertadas.

La vigilancia es necesaria porque el daño que las Fuerzas Oscuras pueden inflingir a la tierra y a la humanidad durante su forzada salida puede ser incalculable. Pero si la humanidad se levanta *mentalmente* en contra de estos demoníacos esfuerzos, la Jerarquía Espiritual le apoyará con total seguridad y la promesa que la Luz prevalecerá en esta última batalla entre la luz y la oscuridad será cumplida. (Ver capítulo 5 Movilización de las Fuerzas de Luz)

Conclusión

Como se ha llevado a cabo la actual crisis mundial hasta la fecha, es evidente que la humanidad ha elegido el camino más difícil. Los cuerpos mentales de la tierra y sus habitantes permanecen débiles y enfermos, y el reequilibrio del mundo tomará más tiempo que el previsto. Incluso después que las Fuerzas Oscuras han sido severamente debilitadas y eliminadas de sus tonos de poder militarista y dinero, las mentes de la humanidad deben someterse a un cambio radical del pensamiento de la actual civilización a uno que esté más en consonancia con el Plan Divino. La Jerarquía Espiritual estima que alrededor de 2050 a 2060, el reequilibrio de la tierra sea esperanzadamente alcanzado, y la tierra estará preparada para entrar a la Nueva Era.

Así que aquellos que anhelan un retorno a la "normalidad" nunca la verán de nuevo. Lo que ha ocurrido ya es el pasado. Lo que ha ido a la quiebra está en quiebra. Lo que se ha derrumbado se ha derrumbado. Aquellos que se mueven en tándem con los grandes cambios en este ciclo que se acerca a su fin sobrevivirán y más tarde como el ave fénix que renace de las cenizas de la destrucción, edificarán la Nueva Era.

La evolución sigue su curso. Incluso mientras la agitación afecta al mundo, focos de esperanza en las Regiones Espirituales comenzarán a formarse y las semillas de la Nueva Era serán plantadas.

Capítulo 2
Refugios de Esperanza en medio de la Agitación

Muy por encima de la lucha en las regiones costeras pobladas de la tierra y en las tierras bajas, las semillas de una nueva civilización ya están comenzando a brotar en algunas de las doce Regiones Espirituales alrededor del mundo. La Jerarquía Espiritual ha proporcionado a la humanidad una oportunidad para continuar su viaje evolutivo sin cesar en estas regiones, lejos de la agitación de las inundaciones mundiales. En la seguridad de estas Regiones Espirituales, la aceleración continuará exhortando a la evolución de la humanidad. La Jerarquía Espiritual, verdadero gobierno interno de la tierra, siempre ha proporcionado una vía rápida de evolución conocida como el Sendero de Iniciación. Se da a las almas la oportunidad de evolucionar espiritualmente a un ritmo más rápido que la humanidad en general. A través de un proceso de migración natural, las almas avanzadas, portadores de luz y encarnaciones de la entrante Sexta Raza Raíz se congregarán en las Regiones Espirituales para experimentar con una sociedad de transición que preservará el bien de la actual sociedad en decadencia y lo sintetizará con la expresión del alma individual y de grupo. El prototipo que surja servirá como un modelo de sociedad para entrar en la Nueva Era. Así, la luz del alma emergerá gradualmente como la fuerza predominante de desarrollo en las Regiones Espirituales, impulsada por la aceleración continua de energías.

Cuando la luz del alma emerja a través de cada cuerpo físico de los portadores de luz, estos portadores de luz guiarán la reconstrucción de una sociedad basada en las leyes cósmicas que el alma comprende de manera innata. Así como el alma rige al individuo, así regirá la ley cósmica a la nueva sociedad de transición.

La población general fuera de las Regiones Espirituales experimentará los trastornos causados por el aumento de los niveles del mar y la convulsión económica. Los habitantes de las Regiones Espirituales deberían servir desinteresadamente a las poblaciones afectadas por las inundaciones y esperanzadoramente ponerlos de regreso en el camino más seguro de la evolución espiritual.

En consonancia con el Plan Divino, las Regiones Espirituales serán las primeras en evolucionar de una tercera a una cuarta existencia dimensional en los próximos siglos. Esta es la dirección de la evolución humana, pero primero, debe vencer los próximos cincuenta años, más o menos, de reajuste terrenal tras la salida de las Fuerzas Oscuras.

El Plan Divino para la Cuarta Ronda

Hemos mencionado en el Volumen 2 que hemos llegado al fin de la cuarta sub-ronda y estamos entrando a la quinta sub-ronda dentro de la Cuarta Ronda. Esto coincide con el cruce del punto medio de la Cuarta

Ronda y concluye el episodio de la humanidad en la forma más concreta de existencia física. La evolución humana ahora apunta hacia arriba, hacia la consumación de la segunda mitad de la Cuarta Ronda. Durante esta evolución, nuestra existencia pasará gradualmente del plano físico denso al plano etérico, y para el final de la Cuarta Ronda, habremos pasado por la quinta, sexta y séptima sub-rondas, y nos habremos liberado de nuestros cuerpos concretos a favor de cuerpos más etéreos de la avanzada Séptima Raza Raíz.

La Sexta Raza Raíz ya esta encarnando por todo el mundo, coincidiendo con la decreciente Quinta Raza Raíz presente, la cual ya he estado en existencia por más de un millón de años. Cuando la Sexta Raza Raíz también alcance su cenit y comience a decrecer, tal vez en otro millón de años, la Séptima Raza Raíz aparecerá y nos llevará al final de la Cuarta Ronda. Todo el plano físico concreto que conocemos hoy en día habrá sido desechado y la humanidad existirá en cuerpos hechos de refinado material etérico en un ambiente igualmente etérico.

Después que la humanidad alcance esta existencia totalmente etérica, entraremos a un pralaya mayor, y la tierra será destruida o entrará en el limbo como nuestra luna. Nuestras almas entrarán en un largo período de descanso después de que sean reencarnadas en formas etéricas superiores, probablemente hechas de sustancia mental, para iniciar la Quinta Ronda en otro cuerpo planetario dentro de uno de los muchos sistemas solares en el Universo. A grandes rasgos, este es el Plan Divino para la segunda mitad de la Cuarta Ronda.

El Siguiente Paso—La Quinta Sub-Ronda de la Cuarta Ronda

Como mencionamos anteriormente, la continua aceleración de las energías apresurará el ascenso de la humanidad hacia la quinta sub-ronda de la Cuarta Ronda. Cuánto tiempo permanecerá la humanidad en la quinta sub-ronda dependerá de su progreso espiritual. Pero como la aceleración continuará sin cesar, es poco probable que nuestra estancia en la siguiente sub-ronda se prolongue tanto como en la cuarta sub-ronda.

Estamos entrando en el pralaya menor que se encuentra entre la cuarta y la quinta sub-ronda. Este pralaya menor también corresponde a lo que algunos esoteristas llaman "Los Mil Años de Paz" o la Edad Dorada. En realidad, es la finalización de la actual civilización, en donde toma lugar una reevaluación y sus aspectos buenos y positivos, es decir todos los que sirven a la humanidad, son retenidos. Dos generaciones más de la Sexta Raza Raíz encarnarán y serán más abiertos y transparentes a las dimensiones superiores y a las enseñanzas de la Jerarquía Espiritual.

De esta manera se espera que el síndrome "cada quien por su cuenta" que tanto ha caracterizado a nuestra civilización actual, sea transformado en una sociedad más generosa y solidaria en donde el "Dios Interno" comience a emerger como el elemento de motivación primordial de la acción humana en lugar de la ambición, el poder, el dinero y la fama. Una vez que este reequilibrio cubra la tierra, entonces estaremos listos para enfrentar los retos y las lecciones evolutivas que nos esperan en la quinta sub-ronda de la Cuarta Ronda.

La Ubicación Geográfica de las Regiones Espirituales

Cap 2 Refugios de Esperanza en medio de la Agitación

En el volumen 2 de *Las Profecías de Sanctus Germanus*, indicamos que durante el periodo posterior a 2012 de cambios en el clima y en la tierra, doce regiones geográficas se convertirían en Regiones Espirituales en donde los portadores de luz, en estrecho contacto con adeptos y Maestros de la Jerarquía Espiritual, llevarían a cabo el Plan Divino. Para recapitular, las Regiones Espirituales son las siguientes:

América del Norte: (1) el área de Banff-Lake Louise en las Montañas Rocosas de Canadá hacia los Grandes Tetons de Wyoming, EUA y (2) la Planicie de Colorado en EUA.

América del Sur: (3) la Provincia de Córdoba región de Uritorco/Capilla del Monte en Argentina y (4) la Provincia Goias en Brasil

Asia: (5) la planicie de Qinghai-Tibet y (6) la planicie del Desierto Gobi

Asia del Sur: (7) el Distrito de Darjeeling (incluyendo Sikkim) en los Himalayas

Australia: (8) la región del desierto Australiano

Medio Oriente: (9) la planicie de Irán cerca de Yazd, Irán

África: (10) el área del Lago Kivu en las Altas Tierras Centrales y (11) la planicie de Ahaggar cerca de Tamanrasset, Argelia

Europa: (12) la planicie de Transilvania en los Montes Cárpatos

Una vez más, las Regiones Espirituales no deberían ser confundidas con las zonas seguras de gran altitud, las cuales también serán salvadas de las inundaciones causadas por el aumento en los niveles del mar. Las inundaciones en las zonas costeras y en las tierras bajas forzarán al desplazamiento de sus poblaciones a estas colindantes zonas seguras de gran altitud.

Cada Región Espiritual está dotada con altas energías vibratorias que posibilitarán una comunicación más directa con la Jerarquía Espiritual en Shambala. En cada Región Espiritual hay portales de alta energía vibratoria, que, a su tiempo, serán revelados a sus residentes. Algunos iniciados avanzados en cada Región Espiritual ya saben en donde están ubicados estos portales y esperan el momento cuando pueda ser confiada esta información a sus discípulos. Con el tiempo estos portales contarán con un santuario o templo donde la gente pueda meditar o ser sanada.

No Todas las Regiones Espirituales son lo Mismo

Cada Región Espiritual está pasando actualmente por un proceso de purificación mientras la Jerarquía Espiritual enfoca vibraciones de alta energía femenina en estas regiones. Como resultado, esto puede producir grandes trastornos en algunos, mientras que otros comienzan a organizarse para sus funciones futuras en el Plan Divino.

Algunas Regiones Espirituales ya están atrayendo poblaciones de portadores de luz, mientras otras aún deben tener una mayor limpieza. Se dice que en algunas Regiones Espirituales, grupos de adeptos e iniciados ya viven y trabajan en el plano etérico. Por ejemplo, la Planicie Iraní es inaccesible debido a razones políticas y religiosas arraigadas, pero esto no detiene a las sociedades secretas de prepararse para el futuro. El Distrito de Darjeeling en los Himalayas está pasando actualmente por una limpieza, mientras que el área del Lago Kivu incluyendo a Goma, Congo debe recuperarse de los más atroces crímenes humanos, el genocidio y las secuelas de los alborotos militares y saqueos. Las áreas urbanas de la planicie de Colorado todavía están demasiado superpobladas y contaminadas, mientras las áreas de Banff y Lake Louise en las Montañas Rocosas de Canadá han sido afortunadamente preservadas en su estado prístino ya que están ubicadas en un parque nacional protegido. Así, esas Regiones Espirituales que son relativamente prístinas en su naturaleza y las menos afectadas por el absoluto materialismo o la guerra avanzarán primero.

Poblando las Regiones Espirituales

Durante la década de agitación de 2007 a 2017, los portadores de luz que respondan al llamado de sus almas serán atraídos a las doce Regiones Espirituales. Esta migración natural es implantada en sus almas como parte del Plan Divino. Los portadores de luz que lleguen se reunirán con otros portadores que piensan de igual forma que ellos, quienes aportarán su experiencia y visión de una sociedad futura. Juntos iniciarán el esfuerzo de reconstrucción mediante la creación de una sociedad de transición que funcionará como el puente entre la Jerarquía Espiritual y las poblaciones en las regiones circundantes.

Migración Consciente e Inconsciente

Mientras la agitación y el tumulto del conflicto humano y de los cambios de la tierra se aceleran a la vez, portadores de luz de todos los rincones del mundo serán naturalmente atraídos a las Regiones Espirituales. Esta migración está actualmente llevándose a cabo, en algunos conscientemente y en otros inconscientemente, y aumentarán a medida que los impulsos del alma individual se vuelvan más evidentes y apremiantes. Cuando las Fuerzas Oscuras desaten la próxima Guerra Mundial, esto desencadenará cambios en la tierra, y la combinación de las dos cosas despertará a muchas almas para que emigren a otro lugar.

Cada persona debe encontrar y definir su lugar en el plan divino de la Región Espiritual como está escrito en el plan de su alma individual. Encontrar, definir e implementar este plan del alma individual y determinar cómo se ajusta con el plan de la Región Espiritual son de importancia primordial y el tema del Capítulo 6.

Una vez arraigados en una Región Espiritual, los portadores de luz esperarán conocer su misión y su lugar en el Plan Divino de la Región Espiritual. No habrá un comité de bienvenida para recibirlos y ayudarlos a establecerse, y aunque los recursos adecuados serán puestos en el lugar de acuerdo al Plan Divino, se espera que los portadores de luz se pongan en marcha de su propia y particular misión del alma antes que la Hermandad dé a conocer cualquier nuevo recurso. Ellos realizarán proyectos para enseñar e informar a las personas de los eventos venideros y cómo prepararse para ellos.

El traslado a una Región Espiritual no pretende ser un lugar seguro y confortable para el retiro o una vida material cómoda. Muchas veces, los portadores de luz quieren un trabajo garantizado y un salario antes de mudarse a un nuevo ambiente, ya que parece que el espíritu pionero ha sido silenciado por el exceso de "comodidad" en una vida material en su ubicación actual. Muchos portadores de luz corren el riesgo de no responder a las exhortaciones de su alma y ceder al miedo de sacarse a sí mismos de su entorno confortable a uno que es desconocido. Al mismo tiempo, la Jerarquía Espiritual no dará ninguna garantía a menos que los portadores de luz den el primer paso, con toda la posible fe, convicción y compromiso para proseguir su Camino.

A lo largo del camino, la Jerarquía Espiritual se reunirá con ellos en muchos momentos para saciar su sed y reponerlos. Pero aún así, los portadores de luz no deberían esperar que los Maestros los consientan si es que ellos deciden mudarse a una de las Regiones Espirituales. Tan sólo se espera que los portadores de luz hagan lo que prometieron hacer antes de esta encarnación.

Leyes Cósmicas De Atracción Y Jerarquía

La diferencia entre las Regiones Espirituales y las áreas alrededor de ellas son vibratorias. Los individuos cuyas vibraciones sean compatibles con las de las Regiones Espirituales serán atraídos ahí de acuerdo con la Ley De Atracción que atrae vibraciones similares sin excepciones. No habrá muros ni cercas para separar las Regiones del resto del mundo.

La Ley de Atracción también determinará qué

portadores de luz se agruparán dentro de una Región Espiritual particular. Cada individuo trae tendencias personales y psicológicas arraigadas que pueden no estar de acuerdo con la acción del grupo. Éste será un desafío en curso, pero debería llevarse a cabo una unión natural de personas con ideas afines y sobre la base de esta compatibilidad deberían ser formados los grupos.

La Ley Cósmica de la Jerarquía regirá la estructura y el cómo funcionarán los grupos en las Regiones Espirituales. El Maestro Serapis Bey habla de la Ley de la Jerarquía como:

"(Es) esa estructura que existe en toda forma, en toda la naturaleza, y en toda la creación... Se trata del ascenso y descenso de los ángeles. Es ese gran y sagrado sentimiento que se tiene cuando uno contempla a su maestro, y es una profunda compasión que proviene de ser entrañable con su propio estudiante. ¡Jerarquía de verdad! Poco comprendida en Occidente, una forma de vida en Oriente. En cualquier área determinada siempre habrá un Jerarca, el que aparece por encima de ti, desde cuya vista puedes alcanzar la gracia y el provecho. No es sino el inmaduro quien resiente este hecho – aquellos que aún no han superado la arrogancia que proviene de la ignorancia, y siempre querrían ser el líder de la manada.

Y sin embargo yo digo que la Jerarquía es mal entendida, muy mal entendida en el Occidente, porque aquí se encuentran haciendo reverencia a aquellos que no guían sino que incluso deberían estar siguiéndolos a ustedes. Y a aquellos que guían y en verdad son sus Jerarcas, ustedes no les hacen caso, a veces ignorándolos, a veces criticándolos también. ¡Ah! Dejen que haya una poderosa sanación en esta tierra, y déjenla que venga desde el Occidente hasta el Oriente.

… Es de vital importancia que comprendan esto, al comprenderlo tienen la clave para las relaciones humanas armoniosas. Ustedes que han hablado de problemas con otros, que han ofendido o sido ofendidos, todo esto ha venido de la ceguera en la estructura jerárquica y nada más. Pues si comprenden y captan esto claramente, verán ante quienes son responsables y quienes son responsables ante ustedes. Con los primeros, serán respetuosos, y con los últimos, amables. ¡Que así sea! ¡Que así sea por siempre! Porque os digo que hasta que ustedes capten esta lección limpiamente, ustedes no pueden entrar en los planes del cielo, y esto no es exclusión por la Mano Divina, sino simplemente una cuestión de realidades vibratorias que perduran y resisten siempre en los mundos invisibles. Uno automáticamente resuena y por lo tanto habita en ese reino al cual más apropiadamente uno pertenece; ni muy alto ni muy bajo.[3]

Las personas trabajando bajo vibraciones similares pueden lograr mucho más con el mejor y eficiente uso de energía. Oponerse y resistirse a las acciones de su grupo o líder drena al grupo de vitalidad y propósito. Aquellos que deseen criticar e interferir con las acciones de su grupo deberían seguir adelante y unirse a otros grupos más compatibles con sus ideas y vibraciones.

Principio Rector: Contacto con el Alma

---

[3] Comunicación de Serapis Bey a los estudiantes de la Fundación Sanctus Germanus.

Los portadores de luz constituyen el centro de la futura organización en las Regiones Espirituales y en mayor medida, del mundo. Ellos deben reaprender a ver hacia su interior e integrar sus almas con sus personalidades para que los planes del alma inscritos dentro se manifiesten a través de sus vehículos físicos. Esta es la esencia de la Liberación del Alma. Este principio rector fue establecido hace siglos en los sagrados yoga sutras de Pantanjali y continuarán para servir con la misma validez y autoridad en las Regiones Espirituales bajo la dirección General del Maestro St. Germain.

Tan grande será la agitación en la tierra que probablemente ninguna organización humana (por ejemplo la Cruz Roja, ONGs, gobiernos nacionales, etc.) podrá ayudar o guiar a la gente adecuadamente. Para portadores de luz que establezcan contacto con el alma, un plan organizado con los recursos necesarios se manifestará desde el alma. Una vez que el portador de luz dé los primeros pasos para implementar su plan, los adeptos e iniciados de la Jerarquía Espiritual se pondrán en contacto y ofrecerán su ayuda y orientación. Estos últimos no aparecerán con turbantes o ropajes arcaicos sino como humanos ordinarios. Al principio los portadores de luz no se darán cuenta de quiénes son ellos, pero con el tiempo y las observaciones, llegarán a saber con quiénes están trabajando. En el caos, entonces, el contacto con el alma del portador de luz será la única manera organizada para que las poblaciones de la tierra se den cuenta del liderazgo que necesitan para reestablecer su equilibrio.

Cada plan individual del alma constituye una parte de todo el Plan Divino, y en la medida que el portador logre contacto con el alma se determinará como estos planes individuales se estructurarán juntos para propiciar una nueva sociedad.

Funciones Básicas de las Regiones Espirituales

En los volúmenes 1 y 2 de *Las Profecías de Sanctus Germanus* cubrimos algunas de las funciones de la sociedad de transición que se desarrollará en las Regiones Espirituales. En esta sección proporcionaremos información adicional que nos ha sido revelada desde que esos dos volúmenes fueron publicados.

El desarrollo en las Regiones Espirituales, si está en línea con el Plan Divino, evolucionará de una tercera a una cuarta existencia dimensional en los próximos siglos. Esta es la inevitable dirección a largo plazo de la evolución humana, pero primero, la humanidad debe vencer las próximas cinco o seis décadas de agitación y reajuste terrestre después de la salida de las Fuerzas Oscuras.

Gran parte del desarrollo de las Regiones Espirituales será dejado a los habitantes para determinarse de acuerdo con la Ley Cósmica del Libre Albedrío. Ellos determinarán qué políticas, hábitos tradicionales, ideas o tecnologías servirán o no servirán. Trayendo a colación sus experiencias desde nuestra civilización actual, los portadores de luz, que han estado encarnando en los últimos cincuenta años, serán el puente entre las civilizaciones presente y futura.

El Papel de la Jerarquía Espiritual

De acuerdo con la profecía que el Maestro Djwal Khul expuso a través de Alice A. Bailey, la exteriorización de la jerarquía, la cual ya ha comenzado, se intensificará en las Regiones Espirituales.

Grandes centros de enseñanza e investigación ocultista se desarrollarán bajo los vórtices de la Jerarquía Espiritual en cada Región Espiritual. Nuevas enseñanzas, relacionadas con la entrada de la Nueva Era, emanarán de Shambala, centro neurálgico etérico de la Jerarquía Espiritual, y fluirán hacia las Regiones Espirituales. Los Maestros enseñarán y difundirán las enseñanzas de la jerarquía directamente o a través de iniciados de alto nivel.

Los centros de enseñanza de las Regiones Espirituales, como los de la antigüedad, mantendrán grandes obras ocultistas antiguas y modernas en archivos que asegurarán la continuidad de la Sabiduría Antigua. La educación para superar la ignorancia de las leyes cósmicas ha sido siempre la columna vertebral del esfuerzo de exteriorización de la Jerarquía Espiritual, porque así como el Maestro Saint Germain ha dicho en innumerables ocasiones, "si ellos conocieran mejor, lo harían mejor".

Como la Nueva Era implica cambiar nuestra dimensión de existencia, de la tercera a la cuarta dimensión; cambiar y aprender a vivir en una dimensión superior—la cuarta—requerirá una serie diferente de enseñanzas que la Jerarquía Espiritual gradualmente transmitirá a la humanidad a través de los avatares e iniciados que se han ofrecido voluntariamente para esta inquietante tarea. Decimos inquietante porque muchos profesores se han topado con la violenta y fatal resistencia de la humanidad y con una rápida cita con la tumba.

Las enseñanzas que conducen a una existencia en la cuarta dimensión serán confiadas a iniciados avanzados en las Regiones Espirituales quienes determinarán cuándo dicha información podrá ser dada a conocer a la mayoría del público.

Preservación de Archivos Exotéricos y Esotéricos

La tenencia de archivos transmitidos a través de las edades formará la base de las enseñanzas de la Hermandad, no por mucho tiempo los falsos profetas serán capaces de inventar enseñanzas a voluntad sin que su audiencia tenga a su disposición volúmenes de la Sabiduría Eterna ya sea para verificar o invalidar lo que se dice o enseña. La necesidad de esta base nunca ha sido tan grande en este mundo de gran expansión de los medios de comunicación, alimentado por falsas profecías y médiums dudosos.

Los archivos y bibliotecas regionales místicos, protegidos de los caprichos del clima y la inconstancia humana, formarán la base de todo el esfuerzo humano. La Ley Cósmica, la base de todo pensamiento espiritual y religioso, prevalecerá.

Propagación de las Enseñanzas de la Hermandad

Los portadores de luz y los nuevos discípulos en el Sendero saldrán de estos centros en las Regiones Espirituales para enseñar a aquellos entre las poblaciones sobrevivientes que quieran escuchar. Haciendo uso de técnicas modernas de comunicación que sobrevivirán a los trastornos terrestres, las Regiones Espirituales difundirán las enseñanzas de la Hermandad a las masas de la humanidad que serán, como en ningún otro momento, más receptivas a tales enseñanzas.

Liberando las Regiones Espirituales y Creando Nuevos Modelos de Civilización

El mundo del cual estamos emergiendo es un régimen en el cual las Fuerzas Oscuras controlan la energía a través de un monopolio del petróleo, gas, carbón, sectores de la electricidad, dinero (en papel y electrónico) a través de los bancos centrales del mundo y la industria bancaria, la salud a través de las drogas y la industria del cuidado de la salud, la información a través de los medios de comunicación, los alimentos a través de los gigantes sistemas de transporte y distribución de alimentos, la vestimenta a través de talleres clandestinos de explotación en masa y las redes de distribución, transporte de todo tipo y la vivienda a través del sistema bancario e hipotecario. Además, mantienen influencia en órganos gubernamentales mediante el apoyo a través de préstamos y otras formas de pago y el control de los órganos de ingresos tributarios. Este es el férreo control establecido en la sociedad actual que obstaculiza la expresión del alma a través del cuerpo físico externo en el mundo físico. Al utilizar el movimiento de la Nueva Era para comercializar enseñanzas espirituales, las Fuerzas Oscuras han tratado de deformar las enseñanzas de la Sabiduría Antigua para adaptarlas a este control. Un ejemplo de esto sería la comercialización de la Ley de Atracción para satisfacer el deseo del ego de hacerse rico.

El control de los sectores mencionados representa las trabas de hoy en día para la liberación humana y del alma. En el Plan Divino para la humanidad, NINGUNA de estas trabas existe. De este modo el primer gran desafío que enfrentan las poblaciones en las Regiones Espirituales es romper el control de todas las áreas mencionadas. La crisis financiera mundial, la guerra, y los cambios en la tierra tendrán un papel en la liberación de las Regiones Espirituales del control de las Fuerzas Oscuras. El caos es un gran libertador, pues mientras los gobiernos nacionales se enredan más y más en salvarse a sí mismos, llevando a cabo la guerra, y haciéndole frente a la crítica crisis de la tierra, las personas encontrarán oportunidades de recuperar el control sobre sus propias economías locales, incluyendo la generación de energía, la producción local de alimentos, los servicios de salud, y otras necesidades.

Los modelos de desarrollo comunitario que crezcan de los experimentos y que hayan logrado la sostenibilidad se extenderán a las áreas circundantes creando un efecto de bola de nieve de ideas. Aproximadamente de 2050 a 2060, la mayoría de las comunidades se habrán liberado a sí mismas, y los pueblos de la tierra habrán llegado a darse cuenta de cómo las Fuerzas Oscuras habían secuestrado segmentos claves de sus vidas para su propio enriquecimiento.

Energía Libre

Los poderosos sistemas de redes eléctricas que las Fuerzas Oscuras controlan actualmente serán más y más deficientes por las próximas inundaciones y cambios geológicos. Las Regiones Espirituales deberían negociar el regreso de plantas hidroeléctricas locales y plantas generadoras de energía, incluyendo las fuentes de energía alternativa de conglomerados mundiales. En otras palabras, deberían desacoplar las plantas generadoras de energía local de la red más amplia.

La generación de energía local es una medida temporal que dará tiempo para el desarrollo de la energía libre. La energía libre se deriva de conectarse a la red magnética de la tierra para crear atracciones magnéticas alternas que hagan funcionar las máquinas, muy similar a la energía eléctrica alterna que se usa para hacer girar motores eléctricos.

Un nuevo paradigma basado en la energía libre se está actualmente fomentando. Inventores privados ya han producido máquinas que pueden funcionar a perpetuidad, y es cuestión de tiempo antes de que estas máquinas de energía libre se conviertan en generadores eléctricos a nivel local. La civilización no necesita dar marcha atrás sólo porque las torres de las finanzas, el belicismo y la energía se desmoronan. Existen otras fuentes de energía que pueden mantener a la red eléctrica llena de electricidad. Las Regiones Espirituales estarán a la vanguardia de estas áreas en la tierra, las cuales lograrán el uso completo de la energía libre.

Sistema Monetario Local de Plata y Oro

Cuando los sistemas bancarios nacionales e internacionales se desmoronen, las Regiones Espirituales reestablecerán el oro y la plata como un medio de intercambio de bienes y servicios. A continuación se muestra una explicación de la función del oro, no sólo como un medio de intercambio, sino como portador de amplios beneficios para la sociedad en general:

El oro es un bien común en todas las Eras Doradas, porque su emanación natural es una energía o fuerza purificadora, equilibradora, y vitalizadora. Es colocado dentro de la tierra por los "Señores de la

Cap 2 Refugios de Esperanza en medio de la Agitación

Creación"—aquellos "Grandes Seres de Vida y Amor" que crean y rigen mundos, sistemas de mundos, y la expansión de la luz en los seres sobre ellos.

El conocimiento intelectual o externo de la humanidad, tiene dentro de sí poca—muy poca—comprensión del propósito real por el cual el oro existe en este planeta. Crece dentro de la tierra como una planta, y a través de ella está vertiendo constantemente una purificante, vitalizante, y equilibrante corriente de energía, en el mismo suelo sobre el que caminamos, también en la vegetación de la naturaleza y en la atmósfera que respiramos.

El oro está colocado sobre este planeta para una variedad de usos, dos de las más triviales y sin importancia son las de usar el oro como medio de intercambio y para ornamentación. La actividad más grande y propósito de ello, dentro y sobre la tierra, es la liberación de su propia cualidad y energía inherente para purificar, vitalizar y equilibrar la estructura atómica del mundo.

El mundo científico de hoy no tiene ningún indicio aún de esta actividad. Sin embargo, tiene el mismo propósito para nuestra tierra que el de nuestros radiadores para nuestros hogares. El oro es una de las más importantes formas por la cual la energía de nuestro sol es suministrada al interior de la tierra, y así es mantenido el equilibrio de las actividades. Como un transportador de esta energía, actúa como un transformador que pasa la fuerza del sol hacia la sustancia física de nuestro mundo, así como a la vida evolucionando sobre él. La energía dentro del oro es realmente la radiante y electrónica fuerza del sol, actuando en una octava más baja. El oro es a veces llamado un rayo de sol precipitado.

Como la energía dentro del oro es de una frecuencia vibratoria extremadamente alta, sólo puede actuar sobre las más finas y más sutiles expresiones de vida, a través de la absorción. En todas las "Eras Doradas", este metal llega a su uso abundante y común por parte de las masas de la población, y cuando tal condición se presenta, el desarrollo espiritual de las personas llega a un estado muy alto. En estas eras, el oro nunca es acaparado sino que en cambio, es ampliamente distribuido para el uso de las masas que absorbiendo su energía purificadora, se elevan a sí mismas hacia una perfección mayor. Tal es el uso correcto del oro, y cuando esta Ley sea conscientemente comprendida y obedecida, los individuos podrán atraer cualquier cantidad que deseen para sí mismos por medio del uso de esta Ley.

Debido a los depósitos de oro en todas las cordilleras, uno puede encontrar salud y vigor en la vida sobre las montañas que no se puede encontrar en ningún otro lugar en la superficie de la tierra. Nadie ha oído hablar de efectos perjudiciales en aquellos que manejan constantemente oro puro. Si bien en su estado puro, es suave y se desgasta fácilmente; a pesar de eso su cualidad es la ejecución del propósito del cual recién se habló.

Los más avanzados de estas poblaciones producían mucho oro por precipitación directa de lo Universal. Las cúpulas de muchos edificios eran cubiertas con láminas de oro puro y los interiores decorados con joyas brillantes en diseños curiosos pero maravillosos. Estas joyas eran también precipitadas—directamente de la Sustancia Eterna Única.[4]

La humanidad no ha aprendido aún cómo manejar el dinero y ha permitido el secuestro a gran escala de esta función vital por las manos de las Fuerzas Oscuras. Poco saben ellos que entre más oro acaparen, más se purificarán y equilibrarán las predominantes energías masculinas que utilizan para controlar el mundo. Entre más oro circule dentro de las Regiones Espirituales, se agregará más vitalidad, purificación y equilibrio a la región.

En cuanto a la función trivial del oro como medio de intercambio, la crisis financiera mundial marca el final de una era de mal uso del dinero y su control por el sistema bancario. Aprender a manejar el oro como moneda es un objetivo para las próximas cinco décadas, una característica única de la vida en el planeta tierra. De este modo las Regiones Espirituales deben volver al "primer grado" en la escuela del dinero, hasta que su población aprenda su uso y función.

El poder de los medios de intercambio (dinero y trueque) volverá a las personas a través de la libre acuñación de plata y oro. Aquellos que sean capaces de convertir en monedas su plata y oro a través de una casa de la moneda en una Región Espiritual, gradualmente introducirán monedas en el sistema de trueque local, intercambiándolas por bienes y servicios. Así la circulación inicial de oro o plata se extenderá como un medio para nivelar las diferencias en el trueque.

---

[4] De King, Godfre Ray, Misterios Develados, Saint Germain foundation Inc., págs. 44-46.

Las personas también serán capaces de encontrar oro en la naturaleza. Los espiritualmente avanzados serán capaces de precipitarlo para otros para su utilización. En cualquier caso, lo llevarán a una casa de la moneda en la cual acuñarán monedas estándar que serán reconocidas en cualquier lugar en el mundo, no por el diseño o la cabeza de la autoridad acuñada en ellas sino por la pureza de contenido del metal. Así comenzará otro episodio humano en donde el oro volverá a circulación como la base para el intercambio.

La amplitud en la cual circule el oro y sea libremente utilizado entre la gente en una Región Espiritual servirá como un barómetro del nivel de progreso espiritual alcanzado entre su población.

Tributación

Las Fuerzas Oscuras han cometido los más atroces crímenes contra la humanidad a través de los bien desarrollados sistemas tributarios elaborados bajo el sistema del estado-nación. Mencionamos en el Volumen 1 que los servicios de recaudación tributaria de la mayoría de los países del mundo nunca han sido auditados o han rendido cuentas de lo que recaudan. A través de este sistema han sido capaces de "quedarse con lo mejor" antes de pasar al gobierno el resto de las migajas, transfiriendo así una enorme riqueza de la gente para sus operaciones belicistas.

Las Regiones Espirituales deben replantear todo el concepto de tributación. En lo que se ha convertido hoy en día es en mal uso y robo oficial para sostener el crecimiento de la burocracia.

Salud

Los portadores de luz y los nuevos discípulos en el Sendero saldrán de estas Regiones Espirituales para enseñar a las poblaciones sobrevivientes la gran promesa que el Maestro Jesús dio al mundo. "Médico, cúrate a ti mismo". Los métodos de auto-sanación que ya existen serán difundidos, y la industria de la salud que se ha lucrado tanto de los enfermos será descartada. Remedios nuevos y baratos de amplio espectro de efectividad saldrán a la luz y serán auto-administrados, devolviendo a los individuos pleno control sobre su salud.

Enfermedades manufacturadas diseñadas para enriquecer la industria farmacéutica serán expuestas y así volverá al individuo el control de su salud.

Educación de los Niños de la Sexta Raza Raíz

Es probable que los niños nacidos de portadores de luz en las Regiones Espirituales encarnen en cuerpos de la Sexta Raza Raíz y necesiten sistemas educativos radicalmente diferentes de los que tenemos ahora. La Sexta Raza Raíz comenzó a encarnar por todo el mundo en mayor número desde 1960 en adelante, y es probable que estas tempranas encarnaciones fueran las más adecuadas para servir como los educadores de estos niños.

Es probable que el actual grupo de portadores de luz sea una mezcla de la séptima sub raza de la Quinta Raza Raíz y la primera sub raza de la Sexta. Ambos están dotados de una habilidad natural para acceder a otras dimensiones y son generalmente muy inteligentes, tanto así que naturalmente se rehúsan a ser encasillados en un sistema educativo basado en las "3R's". Los primeros tienden a ser mayores y a estar más involucrados en tratar de reformar los actuales sistemas educativos y de salud por el bien de sus hijos de la Sexta Raza Raíz, mientras que los segundos son los primeros "voluntarios" de la Sexta Raza Raíz y han hecho la difícil transición a través de los sistemas escolares y de salud de mentalidad concreta. Muchos han sido severamente dañados por el sistema actual cuando trataron agresivamente de forzarlos a estar conformes con el mundo actual a través de drogas. Otros tuvieron la suerte de encarnar en buenas familias que los protegieron y educaron, facilitando su adaptación en el mundo de la Quinta Raza Raíz. Estos últimos, si son atraídos a las Regiones Espirituales, constituirían el núcleo de profesores que elaborarían un ambiente educativo apropiado para los nuevos niños de la Sexta Raza Raíz de padres portadores de luz en las Regiones Espirituales.

La Sexta Raza Raíz es la ola del futuro. Su apertura a las dimensiones superiores es a la vez una bendición y una dificultad en este período de transición. Por un lado, poseen una inclinación natural hacia las enseñanzas espirituales de la Jerarquía Espiritual mientras por el otro lado, pueden volverse víctimas fáciles de las caprichosas entidades del plano astral. Ser capaces de existir conscientemente en dos o tres planos a la vez requiere mucho discernimiento y comprensión del mundo oculto, por lo tanto el programa de educación para la Sexta Raza Raíz se apoyaría mucho en una mejor comprensión de ese mundo interno que los ocultistas tanto aprecian.

Sobreviviendo a las Inundaciones

Cap 2 Refugios de Esperanza en medio de la Agitación

Ni qué decir que los portadores de luz respondiendo a sus profundas misiones del alma más probablemente estarán entre los sobrevivientes, pues ellos encarnaron expresamente para estar aquí en esta gran transición y son clave para la implementación del Plan Divino. Sin embargo, ¿qué pasa con el resto de la población del mundo?

Mónadas de los *Pitris* Lunares—Los Probables Sobrevivientes

Aquellos que sobrevivan a estos tumultuosos acontecimientos lo más probable es que sean encarnaciones de lo que los esoteristas llaman mónadas lunares *pitris*. Helena P. Blavatsky, en *La Doctrina Secreta*, reveló que la luna, considerada por los astrónomos modernos como un satélite del planeta tierra, es en realidad el padre de la tierra.[5] Al final de su última Ronda planetaria, la luna se convirtió en un terreno baldío en proceso de autodestrucción. Sus habitantes volvieron a sus formas de mónada y entraron en un gran *pralaya* o período de descanso sólo para emerger en el planeta tierra para continuar su camino en la evolución.

A estas mónadas, H. P. Blavatsky las define como sigue:

Los progenitores del hombre, llamados en la India "Padres", Pitara o *Pitris*, son los creadores de nuestros cuerpos y de los principios inferiores. Ellos son nosotros mismos, como las primeras personalidades, y nosotros somos ellos. El hombre primitivo sería "el hueso de sus

---

[5] Para una explicación de la interacción entre la Cadena Lunar y la Cadena Terrestre de los globos, véase HPB, *La Doctrina Secreta*, vol. 1, págs. 173-175.

huesos y la carne de su carne", si ellos hubieran tenido cuerpo y carne. Como se dijo, eran "seres lunares".[6]

Podemos inferir de esta cita que desde esta estirpe de mónadas lunares pitris se constituye el grupo original y en constante evolución de las mónadas, del cual somos una parte, que sobrevivirán a los grandes choques en las próximas décadas como parte de su camino evolutivo en la tierra.

Refiriéndose al diagrama en el Vol. 2 del Gran Ciclo, las mónadas que toman forma desde la Primera Ronda hasta la Cuarta Ronda experimentan millones de años de involución. Desde criaturas etéreas se compactan gradualmente hacia seres humanos de carne y hueso como somos hoy en día. En la Cuarta Ronda que se lleva a cabo en el planeta tierra, estas mónadas, entonces formaban en la Quinta Raza Raíz, un proceso involutivo que hizo la forma humana más pequeña y más compacta (es decir, densamente material) por millones de años.

Hace alrededor de 400 años, estas mónadas, en este tiempo usando cuerpos concretos de la Quinta Raza Raíz, alcanzaron el punto medio del Gran Ciclo y desde ese punto en adelante, el proceso de evolución comenzó a revertir el proceso de compactación.

Los cuerpos humanos que usamos hoy en día se presentan un poco menos densos que aquellos de hace 400 años y son la última etapa de la Quinta Raza Raíz. Coincidiendo con esta última etapa está la entrante Sexta Raza Raíz. Así que lo que

---

[6] Blavatsky, H.P. *La Doctrina Secreta*, v.2, 1.1 Stanza 4, Adyar: The Theosophical Society Vasanta Press, pág. 88.

experimentaremos en los próximos dos siglos es el gradual ingreso de la primera sub raza de la Sexta Raza Raíz que nos llevará a la próxima quinta sub-ronda de la Cuarta Ronda.

Todos los Maestros que han evolucionado a través de la experiencia en la tierra, sus iniciados, los portadores de luz en encarnación actual, y una parte de la actual población en general, que comprenden de uno a dos billones de almas en encarnación en un tiempo dado, representan la estirpe de los *pitris* lunares que probablemente sobrevivan a la agitación actual, incluyendo las inundaciones.

Poblaciones Rezagadas: aquellos que no sobrevivirán

Estando la tierra en la zona de libre albedrío del Universo, ha sido sede para incontables desertores de evoluciones similares de otros sistemas solares. Algunos los llaman rezagados de otras evoluciones, otros les llaman desertores. Poblaciones más pequeñas de rezagados datan de muchos milenios atrás, cuando comenzaron a encarnar en la tierra en cuerpos de la Tercera Raza Raíz o de la Cuarta Raza Raíz. Sus descendientes forman el núcleo de las Fuerzas Oscuras que controlan a la tierra actualmente.

Desde el momento en que pasamos el punto medio en el fondo de la Cuarta Ronda, no se permitió que entraran más mónadas lunares *pitris* a la tierra:

...en este punto—y en esta Cuarta Ronda en la cual la etapa humana será completamente desarrollada—la "Puerta" hacia el reino humano se cierra; y de ahora en adelante el número de Mónadas "humanas", es decir, Mónadas en la etapa humana de desarrollo, estará completo. Para las Mónadas que no hubieren alcanzado la etapa humana en este punto, debido a la evolución de la humanidad misma, se encontraran tan por detrás que llegarán a la etapa humana sólo al final de la séptima y última Ronda. Por lo tanto, no serán hombres en esta cadena, sino que formarán la humanidad de un futuro Manvantara y serán recompensados al convertirse en "Hombres" completamente en una cadena superior, recibiendo así su compensación Kármica.[7]

De este modo, podemos concluir que un número predestinado de mónadas están establecidas para evolucionar en la tierra y sobrevivir los próximos cambios de la tierra.

Atribuimos la explosión demográfica sin precedentes de los dos últimos siglos al gran número de desertores no lunares *pitris*. Estas encarnaciones rezagadas explican la falta de homogeneidad en la tierra, distinguiéndole de otros planetas del sistema solar por su alto nivel de conflicto y falta de armonía. Las Fuerzas Oscuras han utilizado esta afluencia de encarnaciones para su beneficio, principalmente utilizándolos como lacayos, para avanzar en su control sobre la tierra.

Una vez que la tierra haya sido objeto de su limpieza, a la estirpe de mónadas lunares pitris sobrevivientes se les dará otra oportunidad para recuperar su sendero de evolución después de sufrir milenios de opresión bajo la estirpe de rezagados.

---

[7] Blavatsky, Helena P. *La Doctrina Secreta*, Vol. 1, pág. 173.

Este es uno de los principales hitos de este actual proceso de filtrado.

Sin embargo, sigue siendo una cuestión de elección si las encarnaciones de las mónadas lunares *pitris* originales aprovechan esta oportunidad de corregir la situación en la tierra y proseguir su evolución como los legítimos habitantes de la tierra.

Naturaleza Diversa de la Población Sobreviviente

Entre las encarnaciones sobrevivientes de la estirpe lunar *pitris* hay diferencias. Desde el principio, cada mónada elige su camino y como resultado evoluciona en diferentes maneras. Aquellas que siguen el camino de la Jerarquía Espiritual eventualmente evolucionan hasta ser Maestros mientras que las otras que caen bajo la influencia de los rezagados, evolucionan por el camino de la oscuridad hasta ser despertados. De modo que continuaremos para ver el bien y el mal, excepto que los malos estarán esperanzadoramente más propensos a la redención cuando no sean encarnaciones irredimibles.

El Anfitrión Monádico puede estar aproximadamente dividido en tres grandes clases, como H. P. Blavatsky declaró:

Las Mónadas más desarrolladas (los Dioses Lunares o "Espíritus", llamados en la India, los *Pitris*), cuya función es pasar en la primera Ronda por todo el triple ciclo de los reinos mineral, vegetal y animal en sus más etéreas, diáfanas, y rudimentarias formas, en orden de revestirse a sí mismas, y asimilar, la naturaleza de la cadena recién formada. Son aquellas que alcanzan primero la forma humana (si puede haber alguna forma en el reino de lo casi subjetivo) en el globo A en la primera Ronda. Son ellas, por lo tanto, quienes dirigen y representan al elemento humano durante la segunda y la tercera Ronda, y finalmente evolucionan sus sombras al inicio de la Cuarta Ronda para la segunda clase, o aquellos que vienen detrás de ellas.

Esas Mónadas son las primeras en alcanzar la etapa humana durante la tercera y media Ronda, y en convertirse en hombres.

Los rezagados; las Mónadas que están retrasadas, que no alcanzarán, por motivo de impedimentos Kármicos, la etapa humana durante todo un ciclo o Ronda,...[8]

Los rezagados a los que se refiere la cita son los más lentos *pitris* lunares. De este modo, hay entre los *pitris* lunares diferencias en el desarrollo espiritual.

Mientras los rezagados luchan y van a paso lento en la carrera en su primer cuarto, ya los dardos vencedores pasan la meta, así, en la carrera de la inmortalidad, algunas almas exceden en velocidad al resto y llegan al final, mientras que sus numerosos competidores están fatigados bajo la carga de la materia, cerca del punto de partida. Algunos desafortunados caen por completo, y pierden toda oportunidad de ganar el premio; algunos vuelven sobre sus pasos y comienzan de nuevo.[9]

Así pues, podemos concluir que solo porque la mayoría de los sobrevivientes representarán mónadas

---

[8] Blavatsky, H.P. Collected Writings, Vol. VII Noviembre, 1886.
[9] Ibíd.

de la estirpe original no significa que estemos ingresando a una era en donde el bien y el mal no existan. La tierra continuará hospedando un estado de dualidad poblado por una minoría de avanzadas mónadas lunares *pitris*, así como también de una vasta mayoría de mónadas lunares *pitris*, todas luchando por desarrollar la perfección dentro de sus formas encarnadas.

La principal diferencia esta vez es que a la mayoría de los sobrevivientes de los próximos cambios terrestres se les permitirá reanudar su camino evolutivo sin trabas por el abrumador poder de las Fuerzas Oscuras. Además, una mayor homogeneidad entre los sobrevivientes se traducirá en menos conflictos, y una Era Dorada de paz y tranquilidad puede surgir como una posibilidad viable en lugar de una quimera.

Líderes entre las Mónadas Lunares Pitri

Los portadores de luz representan a las Mónadas Lunares *Pitris* que han tomado la vía rápida de la iniciación en encarnaciones previas y han encarnado durante este período para guiar a la humanidad a una nueva sociedad. El actual liderazgo empresarial y del gobierno se derrumbará con sus respectivas instituciones burocráticas y dejará un vacío. Los portadores de luz deberían surgir para tomar su lugar, no necesariamente con el mismo tipo de instituciones sino como líderes espirituales con soluciones alternativas a la vida en el nuevo contexto.

Como líderes, señalarán el camino hacia el reequilibrio de la tierra después de la salida de las Fuerzas Oscuras. Pues la gran mayoría de la población sobreviviente de la tierra permanecerá en el lento pero seguro sendero evolutivo a través de la Cuarta Ronda.

Conclusión

Mientras avanzamos poco a poco en nuestro camino a través de la Cuarta Ronda, sobreviviendo a la gran crisis financiera mundial, a una Guerra Mundial y a cambios regionales geológicos terrestres, las Regiones Espirituales dirigirán el camino en la conformación de la Nueva Era. Estas regiones crearán primero el orden en el caos y erigirán la sociedad de transición que seleccionará lo bueno de lo viejo y aplicará nuevos principios de expresión del alma. Mientras el resto del mundo lucha con la salida de las Fuerzas Oscuras y los cambios climáticos y geológicos, se tendrá a las Regiones Espirituales para consuelo, inspiración y un futuro prometedor.

Capítulo 3
Sanando el Cuerpo Mental de la Tierra

Detrás de la batalla llevándose a cabo en el plano terrestre hay en curso una transmutación de la materia que está sanando los cuerpos mentales tanto de la humanidad como de la tierra misma. En el Capítulo 1 resumimos brevemente la condición enfermiza del mundo actual y explicamos cómo ha sido capaz de persistir a causa del papel preponderante de las Fuerzas Oscuras que han manipulado el cuerpo emocional de la humanidad a través del plano astral. Una sanación total de esta condición se está llevando a cabo debido a la naturaleza misma de la materia.

Incluso durante los días más oscuros de la transición hacia la Nueva Era, la humanidad continuará evolucionando, pues como el Maestro Kuthumi sugiere en la cita a continuación, la materia permanece indestructible y existe para cambiar las formas, las combinaciones y propiedades en el tiempo evolutivo.

La materia que conocemos es eterna, es decir no ha tenido principio (a) porque la materia es la Naturaleza misma (b) porque aquello que no puede aniquilarse a sí mismo y es indestructible existe necesariamente—y por tanto no podría comenzar a ser, ni dejar de ser (c) porque la experiencia acumulada de incontables eras, y aquella de la ciencia exacta nos muestra la materia (o naturaleza) actuando por su propia y peculiar energía, de la cual ningún átomo está nunca en absoluto estado de reposo, y por tanto debe haber existido siempre, es decir, sus materiales están siempre cambiando de forma, combinaciones y propiedades, pero sus principios o elementos son absolutamente indestructibles.

> *... creemos en MATERIA solamente, en materia como naturaleza visible y materia en su invisibilidad como el omnipresente, omnipotente e invisible Proteo con su incesante movimiento que es su vida, y el cual la naturaleza extrae de sí misma ya que ella es el gran todo fuera de lo cual nada puede existir.*[10]

El estado particular de la materia concreta el cual conocemos como nuestro mundo tridimensional está y ha estado siempre en un flujo, cambiando en "forma, combinaciones y propiedades". La gran diferencia durante este período es la velocidad en la que este flujo o proceso de transmutación está tomando lugar conforme a la aceleración.

Ley Cósmica de la Destrucción

La transmutación en este particular período es influida por la Ley Cósmica de la Destrucción. Para muchos estudiantes esotéricos, la destrucción va en contra de todo lo que ellos han estudiado en las enseñanzas de la Nueva Era, las cuales sólo han

---

[10] Sinnett, A.P., *Las Cartas de los Mahatmas*, Carta No. 10 escrita por el Maestro Kuthumi, alrededor de 1881, Pasadena: Theosophical University Press, 1992, pág. 56.

presentado la espiritualidad del lado de "sentirse bien". Pero como mencionamos en los capítulos previos, la naturaleza de la creación del universo es cíclica, y cada ciclo crece y decrece. La destrucción toma lugar en la etapa decreciente de un ciclo antes que un nuevo ciclo pueda comenzar. Lo viejo debe ser desechado y transmutado hacia una forma diferente. Por lo tanto, gran parte de la transmutación llevándose a cabo actualmente se verá como destrucción, pero detrás de la destrucción está el ave Fénix que resurgirá otra vez.

Transmutando la Forma Concreta

Durante los últimos siglos el reto que ha enfrentado la forma concreta de la Quinta Raza Raíz ha sido expresar la inteligencia y la luz del alma a través de la materia concreta. Las duraderas pirámides del Egipto antiguo, unos enormes símbolos de la materia densa, tienen una forma que señala el camino hacia arriba y hacia una forma más ligera.

El Desapego de la Materia Densa

Los enormes trastornos del Siglo Veinte, que incluyen incontables guerras regionales y dos grandes Guerras Mundiales, no sólo han matado a millones sino que han desarraigado y desplazado a miles de millones. Este proceso continúa hasta el día de hoy.

El 26 de diciembre de 2004 un tsunami arrasó el sur de Asia y desplazó un estimado de 1.0 millones de personas. Después en el verano de 2005, el Huracán Katrina azotó Nueva Orleáns y desplazó a más de un millón de personas. Éstas son sólo dos de las más famosas inundaciones, pero innumerables inundaciones y desplazamientos de población ya se han llevado a cabo sin la cobertura de los medios de comunicación.[11] Estos eventos advierten de lo que está por suceder con mayor frecuencia en los años por venir. Los cambios geológicos en aumento y el caos provocarán desplazamientos masivos de población, desafiando el apego de la humanidad a su existencia material.

El colapso de los sistemas financieros y económicos y la depresión económica resultante son también señales para que la humanidad se dé cuenta de lo que realmente necesita para existir en esta tierra. Estos factores principales—el colapso económico, las guerras y los cambios terrestres—causarán que la humanidad se desapegue de sus posesiones materiales, quedándose con lo que es necesario y desechando lo que no sirve.

Cambio de la Estirpe Racial

El cambio de la estirpe racial va en tándem con la transmutación general de la tierra en un planeta físico menos denso. Durante las próximas cinco décadas atestiguaremos la entrada continua de dos generaciones de la nueva estirpe racial. La muy concreta estirpe de la Quinta Raza Raíz dará paso gradualmente a los cuerpos materiales más livianos de la entrante Sexta Raza Raíz. Aquellos en cuerpos de la Quinta Raza Raíz ahora en la actualidad, probablemente elegirán cuerpos de la Sexta Raza Raíz para futuras reencarnaciones, un movimiento desde la forma concreta a la más ligera.

---

[11] Para un listado de las inundaciones alrededor del mundo desde 1985, dirigirse al archivo de inundaciones del Dartmouth Flood Observatory:.
http://www.dartmouth.edu/~floods/Archives/index.html.

Transmutación Acelerada

Como se declaró anteriormente, incluso la materia densa de la que tanto la tierra como sus habitantes están compuestos, está siempre en un estado de constante flujo, pero lo que hace a este período aún más notable es la rapidez de este proceso de transmutación debido a la aceleración.

La transmutación dirigirá gradualmente a la humanidad de vuelta al camino de la evolución cuando la humanidad se ajuste a las entrantes energías aceleradas. Si alguno de los vehículos presentes no puede adaptarse a la aceleración, tan sólo perecerá y reencarnará en una forma más adecuada, probablemente en un cuerpo de la Sexta Raza Raíz, o puede volver en una forma más avanzada de un cuerpo de la Quinta Raza Raíz, mientras la superposición de las dos Razas Raíz continúe por algún tiempo.

Las encarnaciones actuales de la Quinta Raza Raíz pueden tomar una determinación consciente de ajustarse a las vibraciones superiores de la aceleración. Muchas de estas encarnaciones usan vehículos de la séptima o última sub raza de la Quinta Raza Raíz y han encarnado para asegurarse de la transición de la presente civilización a la Nueva Era. Su conocimiento de lo bueno y lo malo de la presente civilización permitirá a la humanidad reconstruir nuestra civilización basados en el mantenimiento de lo bueno de nuestra civilización actual, sentando las bases para la progresión de la humanidad hacia una eventual vida en la Nueva Era o Cuarta Dimensión. Su presencia, especialmente la de los primeros portadores de luz que han elegido este tipo de vehículo, es vital para la transición.

No obstante, estarán sometidos a las vibraciones superiores como todos los demás, y a través de la meditación podrán ajustar sus vibraciones y adaptarse al incremento de las energías. Esto es porque al ser de la última sub raza de la Quinta Raza Raíz, sus cuerpos comparten algunas características similares con las encarnaciones entrantes de la Sexta Raza Raíz. A medida que se ajusten a las vibraciones superiores, experimentarán: una pérdida de la densidad de peso, la habilidad para ver etéricamente y una mayor apertura a las otras dimensiones.

De acuerdo con la Ley Cósmica de la Destrucción, la aceleración también saca a flote "todo lo que no sirve a la humanidad" como el régimen de dinero, la gratificación sensual basada en los instintos bestiales de la humanidad y el belicismo. Sin embargo, las fuerzas cósmicas demostrarán tener más peso. La transmutación se llevará a cabo ya sea que los elementos de las Fuerzas Oscuras lo quieran o no.

De este modo tres factores contribuyen a la transmutación de la forma concreta en una más ligera: 1) la Ley Cósmica de la Destrucción al final de este ciclo y su proceso de desapego de los bienes materiales, 2) el cambio de la estirpe de raza raíz, y 3) una aceleración de todos los átomos que componen todos los niveles vibratorios de la materia.

Sanación del Cuerpo Mental: Un Enfoque Especial

Las Grandes Mentes Cósmicas que forman la extensión de la Jerarquía Espiritual por encima y más allá del planeta tierra están concentradas en la sanación de los cuerpos mentales de la tierra y sus habitantes, el género humano. Han notado que una gran sanación del plano mental de la tierra así como de los cuerpos mentales de la humanidad es necesaria después de eones de abuso por las fuerzas de la oscuridad.

Estas Grandes Mentes Cósmicas decidieron que el mejor camino para potenciar esta sanación era hacer que todo se moviera más rápido, es decir acelerar la transmutación de la materia en todos los niveles con especial atención durante este período de cincuenta años de sanación del cuerpo mental inferior. Esta sanación es necesaria a fin de preparar a la tierra y a la humanidad para su ingreso en la Nueva Era o Cuarta Dimensión, cuando la mente dominará a las emociones.

El cuerpo mental es el generador de todas las formas de pensamiento que eventualmente toman forma en la materia densa. Si no funciona en consonancia con el Plan Divino, la humanidad no puede avanzar en el proceso evolutivo. Durante los pasados siglos, la conciencia de las masas que constituye el material mental general de la tierra y sus habitantes ha sido deformado y retorcido para servir a los fines de las Fuerzas Oscuras. El síndrome de "cada quien por su cuenta" caracteriza los patrones de pensamiento principales que impregnan el pensamiento en la tierra desde los niños en los patios de recreo hasta las interacciones entre las naciones.

Mientras la transmutación acelerada de la materia se lleva a cabo, se despejarán los bloqueos emocionales y astrales que han obstaculizado el funcionamiento y el desarrollo del cuerpo mental. Esto incrementará las vibraciones en el plano mental inferior y en los cuerpos que constituyen el intelecto concreto y expondrá las maquinaciones ocultas, las acciones criminales, el razonamiento falso, el sofismo, las ficciones, las mentiras y fantasías que son la columna vertebral del régimen actual de las Fuerzas Oscuras. La aceleración de la materia mental sacará a las formas de pensamiento fuera de la niebla del materialismo y el egoísmo y comenzará una sanación consciente del cuerpo mental.

Las Tendencias para la Sanación Mental de la Tierra: las 4 D's

Las tendencias para la sanación mental de la tierra serán: 1) des-sensualización, 2) des-militarización, 3) des-politización, y 4) des-monetarización. Todas representan lo que necesita ser purgado de los cuerpos mentales inferiores de la tierra y la humanidad.

Des-sensualización

Muchos elementos de nuestra vida han sido "sensualizados" a fin de crear un deseo de unión para la vida en el físico denso. El intelecto mental inferior ha creado estrategias de marketing que usan el "anzuelo sexual" en su publicidad para vender bienes y servicios. El "anzuelo sensual" determina lo que uno usa, cómo se habla, lo que se come o escucha, el cómo uno se viste y qué perfume usar, cómo bromear, etc. Muchos pasan sus vidas actuando como imágenes publicitarias proyectadas sobre ellos.

El "anzuelo sensual" es también usado para promover adicciones, no sólo al sexo, sino a fumar tabaco y marihuana, al alcohol, a las drogas y otros comportamientos obsesivos. "Sentirse bien" físicamente, aún sólo por un momento, se convierte en el objetivo fundamental en la vida. Además, las adicciones abren a la persona a la posesión de entidades que exacerban la adicción.

Cap 3 Sanando el Cuerpo Mental de la Tierra

Las Fuerzas Oscuras saben que el sexo es el anzuelo más fácil que pueden usar para atar a la personalidad humana a sus instintos bestiales e impedir la evolución humana. Pero a medida que la aceleración avance, toda la estructura atómica del plano terrestre se acelerará, y el cuerpo humano o bien se adaptará y moverá hacia arriba más allá del alcance del "anzuelo sensual" o expirará. En ese punto el "anzuelo sensual" ya no tendrá ningún efecto.

La aceleración pasa a través del plano mental, luego a través del astral, el etérico y finalmente el plano físico. Mientras se propague a través del plano mental, los cuerpos mentales de la mayoría de la gente se volverán más activos y se estimularán con la sabiduría de la materia mental superior. Algunos no serán capaces de manejar la activación y se volverán dementes o expirarán. Aquellos que sobrevivan a la aceleración de la materia mental lo harán sólo si el cuerpo mental es activado lo suficiente para tomar conciencia que debe controlar los extremos astrales.

Con un cuerpo mental más activo, la gente llegará a un punto en donde serán capaces de pensar por sí mismos fuera de las adicciones y comportamientos autodestructivos. El resultado será una mejor salud y la longevidad en un mundo más limpio y menos contaminado. De hecho, que el promedio de vida sobrepase los 100 años puede llegar a ser bastante común de nuevo.

Desmilitarización

Aquellos quienes crean la guerra con fines de lucro y están anclados en el cuerpo astral y el mental inferior serán sumariamente eliminados a través de la aceleración. La desmilitarización será el resultado de la devastadora derrota de las Fuerzas Oscuras en su planeada Guerra Mundial y tendrá lugar cuando las secretas y enormes máquinas de guerra de las Fuerzas Oscuras sean expuestas y destruidas. Ya no existirá "la guerra con fines de lucro", y el dinero y el esfuerzo dedicados a esta actividad sin salida serán dirigidos para el beneficio pacífico de la humanidad. El sueño sostenido durante mucho tiempo "de convertir espadas en arados" se volverá una realidad según lo determinen los portadores de luz que ocupando posiciones clave alrededor del mundo iniciarán un verdadero proceso de desmantelamiento y destrucción de la maquinaria de guerra.

La desmilitarización de la tierra conducirá a la renovación de organizaciones internacionales como las Naciones Unidas y sus afiliados, así como también a la descomposición del estado-nación soberano. Es el principio del estado-nación soberano el que ha perpetuado las máquinas de guerra nacionales. Las Naciones Unidas se basan en el reconocimiento de la soberanía nacional, en donde las naciones son esencialmente libres de hacer lo que les plazca. Éste es sólo el camino que las Fuerzas Oscuras querían, pues todo lo que necesitaban hacer era apoderarse de una nación, utilizar sus recursos para hacer la guerra e invocar el principio de la soberanía nacional para protegerle de los contraataques. Las Naciones Unidas han fallado así en lograr como resultado algo cercano a la paz mundial.

Mientras nos movemos hacia la Nueva Era, el objetivo de la Jerarquía Espiritual es un mundo sin fronteras, y esto no es el nuevo orden mundial acerca del cual hablan las conspiraciones. Será un nuevo orden mundial basado en la elaboración y la implementación del Plan Divino. Estará compuesto de varios grupos alrededor del mundo que representarán los diversos aspectos de dicho Plan. Una multitud de grupos a cargo de las Leyes Cósmicas de Atracción y Cohesión manifestarán los planes del alma de grupo y edificarán una nueva organización mundial que esté comprometida en implantar el Plan Divino. De este modo, con la desmilitarización, vendrá al fin "paz y buena voluntad para los hombres en la tierra".

Des-monetarización

El proceso de filtrado reemplaza la materia de vibración inferior por la superior. El efecto es para derribar los bancos centrales del mundo y su control sobre la fabricación de papel moneda en el caos mientras la materia de baja vibración es transmutada a una forma superior. El sistema de la banca central caerá por su propio peso. Esta transmutación también minará la base monetaria de las industrias armamentista y militar, las industrias de la energía, las corporaciones globales y los medios de comunicación de todo el mundo.

Fuera de la crisis financiera, el mundo finalmente rechazará y perderá confianza en el papel moneda de curso legal, ya que las Fuerzas Oscuras y sus contrapartes gubernamentales han utilizado este dinero falso para robar valor del bolsillo de cada individuo. El velo ya se está quitando de la conveniente complicidad de los sectores gubernamentales y bancarios, y su habilidad de embaucar al público se evaporará. El desplome del sistema bancario hará caer al final a todo el ignominioso sistema tributario en todos los países y en consecuencia los gobiernos serán puestos de rodillas y en última instancia se verán obligados a una reducción generalizada y significante en sus funciones y poderes, hasta llegar finalmente a su desaparición.

La humanidad pasará a través de un período en donde el trueque servirá como el principal medio de intercambio. Estos medios temporales de intercambio permitirán a la humanidad volver a aprender el verdadero valor de las cosas. Durante este tiempo, el oro saldrá de su escondite, y el mundo volverá a aprender como aumentar la eficiencia del trueque con el oro, un medio de intercambio más sano y divino. El reconocimiento universal del valor del oro servirá como otro elemento estabilizador en los intercambios de bienes y servicios durante el periodo venidero de cambios terrestres.

En las Regiones Espirituales cambiará la moralidad hacia el dinero mientras la oferta y la demanda entran en equilibrio, y este objetivo largamente deseado se propagará a las poblaciones de la tierra en general, siempre que el egoísmo también pueda ser conquistado. La estructura económica actual está basada en un estado constante de escasez o carencia. De hecho la economía, como una disciplina académica, está basada en la premisa de la escasez, y esto es metido en las mentes de estudiantes y el público como una verdad dada por Dios.

El equilibrio de la oferta y la demanda se manifestará cuando los que tienen les den a los que no tienen. Se espera que para 2050–2060 esté ocurriendo una mayor redistribución de la riqueza, nivelando la gran brecha entre los ricos y los pobres, de acuerdo con el Plan Divino. Esto no es un sueño inalcanzable en el Universo, ya que existe en cualquier parte en el Universo, excepto en la tierra.

Este equilibrio entre la oferta y la demanda será demostrado por primera vez en las Regiones Espirituales en las cuales dominarán las prácticas sanas de producción e intercambio, aumentándose, si es necesario, por la precipitación de bienes para reequilibrar cualquier disparidad entre la oferta y la demanda.

Despolitización

Se dice que la política se reduce a persuadir y negociar la distribución de la riqueza entre la población. Se trata de un proceso para ver quién consigue algo. Llegará una comprensión pública de que los gobiernos nacionales y las burocracias internacionales sólo buscan satisfacer sus propios intereses y son probablemente los peores árbitros de los bienes de la sociedad que se han inventado. Han estado siempre al servicio de sí mismos antes que al de las necesidades de la gente y nunca fueron creados para funcionar como los verdaderos árbitros de la riqueza. Esta comprensión se hará más patente a medida que sea expuesta más corrupción y estas organizaciones fallen en venir al rescate de sus ciudadanos en tiempos de gran necesidad, especialmente en los catastróficos cambios terrestres.

La humanidad se dará cuenta de la inherente naturaleza parasitaria de las burocracias y cómo sirven a una clase de políticos y servidores públicos, quienes en nombre del bien público sirven en realidad a las Fuerzas Oscuras. Los tumultuosos acontecimientos que comienzan con la crisis financiera mundial y desembocan en los cambios geológicos terrestres rasgarán este velo. En la siguiente generación estas organizaciones se extinguirán gradualmente, representando el último grillete a ser eliminado de la conciencia de las masas.

Los medios de comunicación, en lugar de funcionar como un tentáculo de propaganda de los gobiernos y los políticos, despolitizarán los acontecimientos mientras informan aspectos más y más positivos de la población y como las personas están ayudando a otras personas. Éste no será el efecto de "sentirse bien" que las Fuerzas Oscuras utilizan para embaucar al público. En lugar de eso las noticias sensibilizarán al público sobre la difícil situación de sus hermanos y dirán lo que es necesario para ayudar al prójimo. Esta es verdadera progresión planetaria – todo el planeta progresa una vez que la gente comprende que todo lo que está en la tierra es para el uso de toda la humanidad. Todo es compartido; todo es distribuido correctamente. Y esto es una comprensión mental, no emocional.

De este modo, estas cuatro tendencias generales de la transmutación de la materia—des-sensualización, des-militarización, des-monetarización y des-politización—son parte de la próxima liberación de la conciencia de las masas, la sanación mental que se llevará a cabo durante los próximos cincuenta años.

Se Reanuda la Expresión del Alma

Mientras la transmutación de la materia más densa a la más ligera se lleva a cabo, la humanidad reanudará la lección terrenal de permitir que la luz y la inteligencia del alma se manifiesten a través del cuerpo físico—un objetivo que ha eludido al género humano por miles de años. Con los elementos de las Fuerzas Oscuras virtualmente eliminados, la humanidad debe "ponerse al día" durante este período de cinco décadas.

Aún cuando la fórmula para la expresión del alma, como se establece en los sagrados sutras de Patanjali, ha sido puesta en segundo plano, permanece válida y practicable. Si la liberación del alma entre las masas sobrevivientes se lleva a cabo en poco tiempo está por verse, pero el optimismo sin fin y las grandes esperanzas de la Jerarquía Espiritual nunca cesarán.

El Proceso de Transmutación es la Base de Todo Cambio

Cuando el alma se manifiesta más y más claramente a través del cuerpo físico, el cuerpo se eleva en vibración y por tanto obtiene capacidades para percibir la materia en su propio contexto, es decir, sólo como otra forma de la misma energía o sustancia de la que está compuesto el universo. Esto es lo que Helena P. Blavatsky denominó como la capacidad de percibir la permeabilidad de la materia. En otras palabras, la materia no es tan sólida como la concebimos hoy en día, y cuando esta comprensión sale a la luz, el buscador espiritual es capaz de demostrar dominio sobre la materia densa, manifestando las necesidades, sanando a los enfermos e incluso venciendo a la muerte.

Las Emociones son Responsabilidad del Control Mental

Las emociones atan a la humanidad a la materia densa ya que están necesariamente operando desde los chakras inferiores. Las Fuerzas Oscuras controlan a la humanidad a través de sus emociones—sus temores, deseos, promiscuidad sexual, toda la gama de adicciones y enfermedades psicológicas—y utilizan la magia negra, la propaganda y la desinformación para mantener su dominio sobre la humanidad.

Cuando las energías aceleradas se filtran hacia abajo desde nuestros vehículos superiores, también activan el cuerpo mental superior para recibir y transmitir los impulsos del alma a la personalidad física. Por esta mera activación, el cuerpo astral o emocional se vuelve más responsabilidad del control del cuerpo mental. Esto ayudará a moderar las respuestas emocionales habituales en la humanidad con más razonamiento y pensamiento.

Mientras el autocontrol individual incrementa, "la mentalidad de rebaño" de la cual las Fuerzas Oscuras se han aprovechado desaparecerá. Incluso hoy en día el nivel en aumento del discernimiento mental está haciendo más difícil para los gobiernos confundir la verdad aprovechándose del miedo y/o la excitación emocional. Esto es un comienzo para el escepticismo en masa, una señal de que lo mental está comenzando a tomar el control. Pero la clave para llegar a esta etapa es el autocontrol individual de las emociones y el temple de las respuestas emocionales en masa.

Visión Etérica y Veracidad

En las próximas dos o tres décadas—un corto período en términos evolutivos—podemos esperar que la población en general vuelva a adquirir la visión etérica y practique más la comunicación telepática. Estas dos van de la mano.

La visión etérica es la capacidad del ojo físico para ver materia etérica, el primer nivel de la materia invisible más allá de lo físico. Para el ojo físico, esta dimensión de materia es normalmente invisible. Pero aquellos que poseen la visión etérica pueden ver auras, hadas, los cuerpos etéricos de personas "muertas", los campos de energía que recubren a los objetos animados o inanimados—todo con el ojo físico. Sin embargo, dada la condición actual de insensibilidad material, la población en general ha suprimido esta capacidad. Aquellos que son atraídos hacia las Regiones Espirituales adquirirán de nuevo esta capacidad como cuestión de rutina.

La visión etérica ya está muy expandida entre los portadores de luz. La transmutación acelerada en la materia jugará un papel importante en la estimulación de las células del cerebro para recoger toda la gama de lo que el ojo físico es capaz de ver. Cuando la visión etérica prevalezca en la población, esto debería indicar que la transmutación de lo concreto a lo más ligero se está arraigando.

La readquisición de la visión etérica traerá consigo una era de verdad. El cuerpo denso y el cerebro proporcionan unos escondites muy buenos para las mentiras y el engaño. Pero el cuerpo etérico reacciona inarmónicamente a las mentiras y falsedades poco definidas. Los cambios en los patrones visibles de energía pueden delatar pensamientos y acciones ocultas y traerlos a la superficie. Así, la visión etérica nos permitirá ver esta desarmonía en las energías, exponiendo las confusiones y mentiras y dando al género humano una mejor percepción de la veracidad. Mientras la sociedad transite a través de las próximas cinco décadas, habrán más trastornos en todos sus niveles, así como mentiras profundamente arraigadas que saldrán a la superficie. La gente dejará escapar secretos profundamente guardados y revelará su lado más oscuro y secreto. Esto está ocurriendo actualmente en sus formas más burdas, por ejemplo, en la política; pero se propagará a la sociedad humana hasta que todo sea purgado y mejorado.

Las nuevas encarnaciones de la Sexta Raza Raíz poseen naturalmente la visión etérica, por lo cual están siendo reprimidos por "raros". Cuando los miembros jóvenes y adultos de la Sexta Raza Raíz se den cuenta que esta capacidad es para ser destacada en lugar de reprimida, la visión etérica se volverá más generalizada y aceptada. Los medios de comunicación hablarán de la visión etérica y de los ejercicios que la mejorarán. Éstos incluyen ciertas técnicas de meditación y ejercicios de concentración. Así, en un mundo con una "vista" mejorada en incremento, las mentiras disminuirán, y la veracidad se volverá de nuevo una virtud. Otro velo de la materia densa concreta habrá sido traspasado.

Comunicación Telepática

La comunicación telepática entre dos individuos ya está muy extendida. Los pensamientos y mensajes pasan a través de los caminos de los sub-planos etéricos inferiores y son evidencia que ya estamos tratando en cierta medida con la siguiente dimensión, la Cuarta. Por ejemplo, sólo el pensar en alguien puede resultar con frecuencia en un contacto a través de e-mail o una llamada telefónica. Las comunicaciones telepáticas entre cónyuges y entre madre e hijo son bastante comunes.

Cap 3 Sanando el Cuerpo Mental de la Tierra

Cuando la aceleración despeje la bruma astral con la caída de las Fuerzas Oscuras, la capacidad de transferir telepáticamente información más compleja aumentará. La tecnología inalámbrica es precursora de lo que seremos capaces de transmitir a través de la telepatía. Al mismo tiempo, y aún más importante, esta capacidad, la visión etérica, mejora la percepción de la verdad y no provee ningún escondite para la mentira.

En el Volumen 1, se mostró como las Fuerzas Oscuras han utilizado los rayos oscilantes emitidos por la televisión para adormecer los cerebros de las poblaciones del mundo. Aquellos que se han liberado conscientemente de este estupor catatónico encontrarán que sus cerebros serán capaces de reactivar la visión etérica y la capacidad para comunicarse telepáticamente, el daño recibido por años de exposición a la televisión no ha deteriorado sus capacidades permanentemente.

Cuando estas dos capacidades vuelvan a la superficie, los esfuerzos de reconstrucción en las Regiones Espirituales saldrán beneficiados. La separación del bien y el mal estará bajo un escrutinio más pesado, y esconder mentiras y falsedades en la materia densa ya no será posible.

El Deterioro Estructural y el Colapso

Cuando estas capacidades etéricas comiencen a manifestarse, no sólo serán puestos en duda los fundamentos de la física material, sino que también la humanidad comenzará a desafiar las limitaciones establecidas y comenzará a dominar el mundo de la materia, en otras palabras, comprender la permeabilidad de la materia. Todas las formas materiales—carros, casas, carreteras, puentes, edificios, trenes, aeroplanos—tienen un plazo calculado de amortización. Pero con la aceleración en aumento, la rápida amortización de estas formas materiales sorprenderá a muchos ingenieros. Incluso las estructuras más resistentes que el mundo aprecia mostrarán señales de un deterioro más rápido.

Ya estamos presenciando el deterioro de carreteras y puentes construidos tan sólo en los últimos 50 años, y los colapsos prematuros o inesperados de estas estructuras se volverán más frecuentes. Nuevos materiales más livianos ya están entrando en uso y reemplazando a la era del acero, los ladrillos, el mortero y el concreto.

Así, mientras la aceleración continúa incrementándose, nuestros físicos y científicos tendrán que echar otro vistazo a las leyes del Sr. Newton. Incluso hoy, las señales de la permeabilidad de la materia se dan por sentadas: las tecnologías inalámbricas ahora son capaces de penetrar en estructuras sólidas. Las tecnologías médicas tales como las máquinas de resonancia magnética pueden ver a través del cuerpo físico. Comprender la permeabilidad de la materia tendrá un efecto profundo en toda nuestra sociedad.

Como parte de la sanación mental, la aceleración cuestionará todas las teorías de la física que rigen la ingeniería, la electricidad y la electrónica, y añadirán más pruebas empíricas de la permeabilidad de la materia. Los científicos de la física y la química volverán otra vez sobre algunos de los principios de la antigua alquimia esotérica—un producto de la forma etérica anterior del hombre en una era pasada.

Cap 3 Sanando el Cuerpo Mental de la Tierra

Un reto muy importante a las leyes actuales de la física vendrá otra vez desde el mundo de lo oculto. La precipitación de formas o aportes en las sesiones espiritistas trans-físicas del pasado Movimiento Espiritista ofrece un vistazo a una nueva era. No obstante, los científicos se han rehusado a explicar estos fenómenos dejándolos a un lado como el trabajo de embaucadores y fraudes. Sin embargo, incluso las grandes religiones del mundo admiten que los adeptos espirituales han sido capaces de manifestar objetos y alimentos, aparentemente de la nada. El Maestro Jesús demostró esta capacidad hace 2000 años, alimentando a las masas con algunos panes y pescados.

Cuando esta capacidad de manifestar se vuelva más y más demostrable y común, abrirá un nuevo mundo de pensamiento que implica la participación de otro reino, el Reino Elemental o Deva, en nuestra existencia. Está de más decir, que la aparición gradual de la construcción de la forma que no requiere la línea de producción de la fábrica, los campos agrícolas, o martillos y clavos, revolucionará los supuestos de la ciencia y las leyes de la física. De este modo en los próximos 50 años, este método de la construcción de la forma ya no estará restringido a las sesiones espiritistas o a los yoguis de las cavernas; se llevará a cabo en una escala tan frecuente y universal que la comunidad científica tendrá que reconocerle como material científico—y esto será posible con la llegada de la Sexta Raza Raíz.

Al principio este tipo de construcción de la forma demandará la cooperación activa de los portadores de luz y el Reino Deva. Comenzará más bien de desear o evocar formas de pensamiento nítidas que resultarán en una sincronía de eventos o recursos uniéndose para producir la manifestación. Los pensamientos claros se materializarán en una forma más "milagrosa", como "pedir un deseo a una estrella" y los eventos se desarrollarán.

Posteriormente, la transformación de las formas de pensamiento en formas etéricas observables o físicas estarán bajo el control de cada persona. Pero la llegada de ese día depende del desarrollo espiritual del individuo, las primeras manifestaciones de la construcción generalizada de fenómenos probablemente ocurran en la atmósfera más pura de las Regiones Espirituales.

Colapso Organizacional

El colapso de los bancos de inversión más grandes y más poderosos del mundo, seguido del sistema bancario, es otro ejemplo del tipo de colapso organizacional que el futuro continuará trayendo. Una vez más, todas las organizaciones que no sirven a la humanidad se deteriorarán rápido y se derrumbarán. Y esto es aún parte de la transmutación en curso de la forma concreta a la más ligera.

Las religiones organizadas también sufrirán. La aceleración petrificará a la iglesia y a las estructuras religiosas, enturbiando sus conceptos y dogmas religiosos y vaciando sus iglesias. Todas las formas de pensamiento religioso ya han sido sometidas al deterioro en los pasados 100 años y sus edificios, templos e iglesias vacías son un testimonio de su irrelevancia. El desmoronamiento de las religiones organizadas se acelerará aún más durante los próximos 50 años y la espiritualidad más clara y no alineada tomará su lugar.

Los Medios de Comunicación se Reformarán

Cuando las Fuerzas Oscuras pierdan el control de los medios de comunicación, las fuerzas de la luz tomarán el control y comenzarán a informar sobre el lado bueno de la humanidad. Abundarán las historias acerca de la bondad de los individuos y cómo aquellos con recursos compartirán con aquellos que no tienen mucho. La humanidad se dará cuenta con la ayuda de los medios de comunicación, de su bondad esencial y este entendimiento se extenderá por todo el mundo.

Sistemas Médicos Reducidos

Las vibraciones superiores también pondrán en duda la necesidad de muchas de las medidas invasivas, densas y adictivas a las que nuestros sistemas médicos ahora obligan a la humanidad. Se trata de una forma descarada de esclavitud. Las tinturas de la homeopatía desempeñarán un papel más importante para restaurar el equilibrio en los cuerpos físicos aligerados. Personas fuera del sistema médico inventarán soluciones simples para una gama de enfermedades que el individuo común podrá administrar. Los días de las predominantes industrias de la infraestructura médica, la formación médica, y de medicamentos y fármacos; básicamente el volverse rico por medio de las penas y enfermedades de la gente, se acercará gradualmente a su fin. Comenzará con el simple propósito de que la depresión económica ocasione que: la gente no sea capaz de pagar por los costos cada vez más escandalosos de la atención médica, y la estructura médica tendrá que adaptarse o desaparecer. Todo esto es parte del desmantelamiento de un sector importante de la hegemonía de las Fuerzas Oscuras en la humanidad.

Expansión de Todas las Disciplinas

Tanto las ciencias físicas como las biológicas se someterán a una agitación necesaria cuando, tanto el cuerpo físico como el mundo que le rodea comiencen a aligerarse. Investigadores científicos inconscientemente experimentando con la visión etérica y las capacidades telepáticas investigarán los aspectos etéreos de TODAS las disciplinas mientras su comprensión de la permeabilidad de la materia se hará más profunda.

Psicología

Con la mayoría de las personas fuera de control debido a la aceleración, deberíamos llamar a la psicología "control de daños". Se espera que la psicología dé un paso hacia adelante durante los próximos cincuenta años mientras la mente consciente misma se abre a otras dimensiones.

Los psicólogos se darán cuenta que muchos de los problemas psicológicos atribuidos a la lucha individual en la vida material pueden ser comprendidos con más precisión como un resultado de la peregrinación de la mente consciente adentro y afuera del plano astral. Asimismo, se darán cuenta de cómo las entidades astrales que se adhieren a seres humanos pueden conducir a una persona a llevar a cabo acciones insanas o estrafalarias que él o ella no realizarían de otra manera. Nos referimos a algunos asesinos en masa que son "normales" hasta que son "poseídos por el diablo".

Mucho comportamiento anormal e insano tiene su origen en estas influencias astrales en lugar de las tradicionales causas psicológicas o médicas. También vemos una conexión entre las adhesiones astrales y los síntomas como depresión mental, comportamiento obsesivo, adicciones al alcohol y drogas, y cosas similares. Cuando estas adhesiones astrales son eliminadas, este tipo de comportamiento es rectificado. Hasta que los efectos de las adhesiones astrales sean reconocidos por la profesión de la psicología, los problemas psicológicos continuarán siendo atribuidos a la causa equivocada.

La mejor combinación sería un psicólogo capacitado que ha desarrollado la visión etérica o que usa un cuerpo de la Sexta Raza Raíz. La visión etérica permitirá a las profesiones de asesoramiento ver una conexión entre las adhesiones astrales y los síntomas como la depresión mental, el comportamiento obsesivo, las adicciones al alcohol y drogas, y cosas similares.

El estudio de la psicología fluirá junto con todo el proceso de transmutación de la materia o como cualquiera de las otras disciplinas, será dejada atrás con el polvo de la evolución.

Ciencias Biológicas

En las ciencias biológicas, las implicaciones de la transmutación de la materia son grandes, casi todas nuestras prácticas médicas y tradicionales, buenas y malas, acerca de la dieta, la nutrición y la salud; provienen de los supuestos científicos básicos de estas ciencias. Gran parte de los esfuerzos del género humano para vivir cada día son dedicados a lo que comemos y a cómo cuidar nuestros cuerpos físicos.

En el futuro próximo, la velocidad de las funciones corporales se incrementará en tándem con el aumento en la velocidad de los átomos en cada célula del vehículo del cuerpo.

La conversión de la energía será objeto de mucho estudio y reevaluación. Con la aceleración, nuestros instintos bestiales de devorar a los otros reinos por sustento desaparecerán gradualmente. En su lugar, entraremos a un período en donde cada reino será sustentado correctamente por la ingesta pránica directa en vez del método de conversión o digestión de alimentos descompuestos por energía. Cuando lleguemos a la etapa en donde la ingestión de energía pránica sea suficiente para sustentar a los habitantes de todos los reinos, habremos alcanzado una etapa importante de la transmutación. Mientras tanto, las personas aprenderán gradualmente a comer menos y absorber más prana: y lo que coman será de materiales más ligeros en lugar de regímenes pesados de carne.

Nuestras dietas de hoy difieren mucho de lo que se comía hace 100 años. La tolerancia del organismo a las toxinas contenidas en nuestros alimentos ordinarios y que se manifiesta por la obesidad generalizada y otras enfermedades que no eran comunes años atrás, dará paso de manera natural a la intolerancia. Cuerpos de vibración superior rechazarán naturalmente las comidas pesadas a base de carne, y necesitarán comer plantas de una vibración superior mientras la tierra cambia. Observaremos estos cambios primero en las Regiones Espirituales.

Agricultura

Surgirán cambios profundos en la agricultura cuando los materiales genéticos de las plantas que existen bajo las actuales capas de hielo lleguen a las manos de los agricultores. Esta materia vegetal ha sido preservada durante siglos para la llegada de esta era. Así, de esta nueva flora surgirán nuevas formas de sustento para un cuerpo acelerado basadas en avanzados principios vegetarianos. Este será el último paso de la ingestión material y eventualmente se dará paso a la ingestión de prana para obtener energía, en lugar de comida preparada de sustancias vegetales o animales.

Revolución de los Sistemas Educativos

La aceleración también afectará en gran medida los sistemas educativos—los inadaptados serán los de la Quinta Raza Raíz mientras la Sexta Raza Raíz florecerá con las vibraciones elevadas. Seguirles el paso será un problema si abordamos la educación desde el punto de vista tradicional. Las primeras encarnaciones en la Sexta Raza Raíz ya han sido implantadas como educadores futuros y sabrán cómo educar niños de la Sexta Raza Raíz. (Ver capítulo 2)

Resurgimiento de la Astrología

En un punto en la historia, la astrología se convirtió en una amenaza para las Fuerzas Oscuras, debido a su capacidad de evaluar la personalidad y así revelar motivaciones e intenciones. En adición, se podía predecir ciclos de tiempo en línea con la Ley Cósmica de la Periodicidad. Sin embargo, en un golpe de hipocresía, la Ciencia de la Astrología fue relegada al margen de la corriente principal de conocimiento con base científica y declarada no científica, mientras las Fuerzas Oscuras continuaron investigando a fondo esta ciencia para obtener información acerca de los ciclos con el fin de controlar la tierra. De hecho, la civilización falló en considerar a la astrología como un regalo de la Jerarquía Espiritual que estaba destinado a ayudar a la humanidad a florecer en la materia densa.

Durante los próximos cincuenta años, seremos testigos de un cambio sorprendente en la forma en que los humanos perciben nuestro planeta y las estrellas, especialmente en Occidente. Mientras continuamos existiendo en vibraciones cada vez más elevadas, nos volveremos más sensibles a las influencias de las estrellas y los planetas, y por tanto la astrología como la conocemos hoy en día tendrá que ser re-escrita. No es que todo cambiará, sino que las más sutiles y más precisas descripciones de los planetas (estas Grandes Almas) y su influencia en el estado de los asuntos del mundo se volverán más evidentes.

Una de las principales ventajas de la astrología es medir el tiempo. La humanidad aprenderá a subordinar el tiempo a la mente y así ganará la capacidad de predecir y superar los caprichos del tiempo, mientras un conocimiento evolucionado de la astrología echará raíces en el sistema educativo. La astrología regresará a su lugar de preeminencia, primero en las Regiones Espirituales, en donde los niños aprenderán esta ciencia desde una edad muy temprana y aprenderán a dirigir sus vidas de acuerdo a las tendencias y fuerzas cósmicas.

Como resultado, los individuos sin rumbo en la sociedad deberían ser pocos.

Apertura de la Consciencia Humana

Cuando las tendencias mencionadas anteriormente echen raíces, el pensamiento humano será liberado por fin de los grilletes del régimen de las Fuerzas Oscuras. La humanidad llegará a darse cuenta de cuan confinado y restringido había estado por el régimen de las Fuerzas Oscuras y con esperanza, una comprensión consciente se establecerá para prevenir cualquier repetición de semejante régimen en el futuro.

A medida que fluyamos con la transmutación de la materia en esta etapa, pasaremos mucho tiempo reevaluando lo bueno y lo malo de nuestra civilización pasada y literalmente alcanzaremos las estrellas en términos de creatividad humana.

El Maestro Saint Germain dijo, "Los beneficios del reajuste kármico conocido como el 'Armagedón' se harán sentir durante siglos y siglos por venir". La caída del dinero y la maquinaria belicista de las Fuerzas Oscuras abrirá oportunidades no vistas por la humanidad en siglos, y estas oportunidades serán definidas por la siempre cambiante, materia de la naturaleza, mientras evoluciona a vibraciones superiores.

Cada aspecto, cada disciplina, cada campo de actividad tiene una dimensión superior. Esta es la nueva frontera a ser explorada y es impulsada por la eterna búsqueda de la verdad. Incluso la carpintería y la plomería, estos dos baluartes del comercio de la construcción, tienen una dimensión superior. Así que los campos de descubrimiento son infinitos.

Durante el siglo XXI una amplia gama de descubrimientos científicos y tecnológicos saldrán a la luz, especialmente en las Regiones Espirituales. Es el potencial que siempre ha existido en la humanidad, esa divinidad que está detrás de todos los esfuerzos humanos que se apresurará a salir a la superficie como parte del programa del Maestro Saint Germain para la liberación del alma.

"Ahora iniciamos el ascenso", el diseño de la ascensión construido adentro de la estructura de roca sólida de la pirámide, apuntando al ápice. Mantener un ojo vigilante sobre los indicadores anteriores nos dará una idea de cómo estamos siendo preparados para dar nuestros primeros pasos hacia la Cuarta Dimensión.

Cap 3 Sanando el Cuerpo Mental de la Tierra

Capítulo 4
Primeros Pasos Dentro de la Cuarta Dimensión

...ahora estamos bien en la segunda mitad de la 4ª ronda, y la 5ª Raza ha descubierto un cuarto estado de la materia y una 4^a "dimensión de espacio".
Maestro Kuthumi[12]

Muchos se preguntan ahora a donde nos están llevando todos estos trastornos y cambios en la tierra. La respuesta es que con la transmutación de las formas concretas a las más ligeras, estamos dando los primeros pasos hacia dentro de la Cuarta Dimensión como parte del Plan Divino. Estos pasos iniciales de la transmutación implican la sanación del cuerpo mental tanto de la tierra como de sus habitantes antes que puedan lograr entrar en la siguiente dimensión. El objetivo final para todo el género humano es estar funcionando en la Cuarta Dimensión a finales de la Cuarta Ronda. El desmoronamiento actual del sistema financiero y económico señala el primer paso en un viaje milenario hacia la siguiente dimensión, y las

---

[12] Un comentario escrito a mano con el nombre de "E.O." (Eminente Ocultista) o el Maestro Kuthumi al traductor (Sr. A. O. Hume) en su versión inglesa de la versión francesa de *Las Paradojas de la más Alta Ciencia* por el místico y ocultista francés Eliphas Levi, 1883.

implicaciones en ello son muy profundas.

En la cita anterior, el Maestro Kuthumi expresa que la Quinta Raza Raíz ya ha descubierto el cuarto estado de la materia o la 4ª Dimensión en el espacio. Veamos primero lo que la Quinta Raza Raíz ha sido capaz de descubrir acerca de la Cuarta Dimensión.

Primeras Nociones de la Cuarta Dimensión

Adentrarse en la Cuarta Dimensión ha sido una noción occidental bastante moderna, aunque los grandes yoguis de la India y el Tibet le han conocido y experimentado de primera mano sin definirle como tal. En los últimos dos siglos, filósofos y científicos occidentales han percibido intuitivamente que podría haber otra dimensión más allá de nuestros cinco sentidos. Emmanuel Kant, filósofo alemán del siglo XVIII, postuló:

Una ciencia de estos tipos de espacio posible indudablemente sería la más alta empresa que un entendimiento finito podría emprender en el campo de la geometría....si es posible que pueda haber regiones con otras dimensiones, es muy probable que Dios les haya traído a la existencia en alguna parte[13].

Un Experimento de Física Trascendental

A finales de 1870, el Profesor Johan Gael Friedrich Zollner de Leipzig, Alemania, un eminente astrónomo, físico y filósofo, se aventuró fuera del "arca" del pensamiento científico y matemático a fin

---

[13] Citado de Rucker, Rudy; La Cuarta Dimensión, *Una Visita Guiada por los Universos Superiores*, Houghton Mifflin; edición Reimpresa (Ago. 14, 1985).

Cap 4 Primeros Pasos Dentro de la Cuarta Dimensión

de probar la existencia de una Cuarta Dimensión. Él también era un metafísico y hacía mucho tiempo que supuso que además de la longitud, anchura, y espesor, podría haber una cuarta dimensión del espacio. Si esto fuera así, supuso que entonces habría otro mundo de existencia, distinto de nuestro mundo tridimensional, con sus propios habitantes instalados en sus leyes y condiciones de la Cuarta Dimensión, así como nosotros estamos en la Tercera Dimensión. Él no fue el autor de esta teoría; Kant, y luego, Gauss, el geómetra metafísico, habían hablado de esta posibilidad anteriormente.

Con la ayuda del Dr. Henry Slade, un médium espiritual Americano, el Profesor Zollner crearía una serie de experimentos que probarían sus sospechas, así como también convencerían a sus colegas de la existencia de la Cuarta Dimensión.

El Profesor Zollner comenzó con la idea de que existe un mundo de cuatro dimensiones con habitantes tetra-dimensionales. Estos últimos deberían ser capaces de realizar el simple experimento de atar nudos en una cuerda continua, para demostrar que la cuarta propiedad de la materia—la cuarta dimensión del espacio—debe ser la permeabilidad.

Él y el Dr. Slade tomaron una cuerda, ataron los dos extremos, los sellaron con cera y luego le estamparon con su propio sello. El Profesor se sentó cerca del Dr. Slade en una mesa a plena luz del día, colocaron sus cuatro manos sobre la mesa, con los pies de Slade a la vista, y la cuerda continua con el extremo final sellado yacía en la mesa debajo de los pulgares del Profesor. El lazo colgaba y se apoyaba en su regazo, era la primera vez que el Dr. Slade había oído hablar de tal experimento, y nadie lo había intentado con algún otro médium. En unos cuantos segundos el Profesor sintió un ligero movimiento de la cuerda—la cual nadie estaba tocando—y al mirar, encontró con sorpresa y alegría que su deseo había sido concedido: sólo que en lugar de un nudo, ¡habían sido atados cuatro en su cuerda![14]

Ambos idearon otros experimentos para sus audiencias escépticas. Uno de los cuales demostró que el contenido de un cofre sellado podría ser removido por estas entidades de la cuarta dimensión sin romper el sello.

Para una mente científica como la suya, este resultado, aunque infinitamente menos sensacional que cientos de fenómenos mediúmnicos, era una prueba de la teoría de las cuatro dimensiones tan concluyente e importante como fue la caída de una simple manzana para que Newton corroborara su inmortal teoría de la gravedad. Claramente había un ejemplo del paso de la materia a través de la materia, en definitiva, la piedra angular de todo un sistema de filosofía cósmica.

La publicación de estos experimentos creó un intenso interés así como también furor y burla por todo el mundo de la ciencia. El Profesor Zollner fue acusado de ser "embaucado" por el Dr. Slade, quien a su vez fue atacado por ser un simple mago y un estafador. Sólo los primeros Teósofos, incluyendo a

---

[14] *Física Trascendental*. Una reseña de investigaciones experimentales, de los Tratados Científicos de Johann Carl Friedrich Zollner, Profesor de Astronomía Física en la Universidad de Leipzig; Mem. Royal Saxon Soc. of Sciences, etc., etc., traducido del alemán, con un Prefacio y Apéndices, por Charles Carleton Massey, de Lincoln's Inn, Abogado (Vice-Presidente de la Sociedad Teosófica) como se relata en *The Theosophist*, Vol. II, No. 5, Febrero, 1881, págs. 95-97.

Cap 4 Primeros Pasos Dentro de la Cuarta Dimensión

H. P. Blavatsky, le elogiaron. La propiedad que tenemos aquí torpemente designada como una "cuarta" dimensión del espacio, es conocida por todo el oriente con términos apropiados y específicos, no sólo entre los estudiosos sino entre los meros "malabaristas" que hacen desaparecer niños por debajo de cestas. Si los científicos occidentales se familiarizaran un poco más con el Tetractys de Pitágoras, o incluso con la cantidad algebraica "desconocida" en su significado trascendental, todas las dificultades en la forma de aceptar la hipótesis de Zollner desaparecerían.[15]

Posteriormente, a principios de 1900, C. Howard Hinton emprendió una búsqueda para encontrar y definir la realidad física de la cuarta dimensión. Innatamente consciente de un mundo superior al nuestro tridimensional, el busco "...un mundo espacialmente superior a este mundo, un mundo al cual sólo puede acercársele a través de las poblaciones y sus piedras, un mundo que debe ser percibido laboriosamente, pacientemente, a través de las cosas materiales del mismo, las formas, los movimientos, las figuras del mismo."[16] Sus valientes esfuerzos para alcanzar ese "mundo espacialmente superior" a través del uso de la analogía y los dibujos geométricos, insinúan además que la Quinta Raza Raíz en efecto descubrirá la existencia de una Cuarta Dimensión, como el Maestro Kuthumi profetizó.

Sin embargo, la mayoría de las mentes científicas "duras" de principios del siglo XX, encontraron difícil validar lo que los espiritistas estaban

---

[15] *Estandarte de luz,* Boston, Vol. XLII, Abril 20, 1878.
[16] Hinton, C. Howard, *La Cuarta Dimensión*, New Hampshire: Ayer company, Publishers, Inc, 1988, pág. 3. (Edición Reimpresa).

presenciando a diario en los salones de las sesiones, es decir, hablar con los muertos. Rehusando a dejar sus torres de marfil en la Tercera Dimensión, ellos sólo podían pensar en la Cuarta Dimensión en términos de matemáticas y geometría.

En 1909, la revista Scientific American ofreció un premio de $500.00 para el mejor ensayo, "¿Qué es la Cuarta Dimensión?" en 2500 palabras o menos. El concurso atrajo a 245 participantes de todo el mundo, y el ganador fue el Teniente Coronel Graham Denby Fitch del Cuerpo de Ingenieros de EEUU. Sus antecedentes parecían negar cualquier concesión a los espiritistas pero sorprendentemente, no descartó acontecimientos de sus sesiones y fue citado como sigue:

> El hiperespacio (la Cuarta Dimensión) ha sido desacreditado porque los espiritistas han asumido su existencia con el fin de dar "una morada" a sus caprichos. No obstante, la posibilidad de su existencia aún no ha sido demostrada al no concordar con ningún hecho científico, y por la limitación del espacio de tres dimensiones, aunque probablemente correcta, es por tanto puramente empírica.[17]

Este intenso interés entre intelectuales, físicos, matemáticos y astrónomos correspondía al cenit de la intelectualidad física de la Quinta Raza Raíz que el Maestro Kuthumi hablaba en las *Cartas Del Mahatma*. La mayoría de los ensayistas, aunque estaban empapados de la geometría y la matemática no Euclidiana, fueron lo suficientemente generosos para

---

[17] Fitch, Graham Denby, "Una Elucidación de la Cuarta Dimensión", Parte I de su ensayo ganador del primer premio del concurso del ensayo "Qué es la Cuarta Dimensión" de Scientific American en 1909.

mantener la puerta abierta a lo que llamaban el punto de vista "espiritista".

El Sexto Sentido o Clarividencia Natural

Todos estos intentos para definir y percibir la Cuarta Dimensión con los cinco sentidos físicos estaban destinados a cumplir sólo con la mitad del éxito. Como los experimentos de Zollner demostraron con su uso de un médium espiritual que una llave extra-sensorial era necesaria. H. P. Blavatsky expresó en *La Doctrina Secreta*: que la humanidad llegaría a reconocer la permeabilidad de la materia. Cualquier objeto que es percibido como sólido está hecho en realidad de millones de átomos, todos girando independientemente con espacio entre ellos. La materia por tanto es inherentemente permeable.

Blavatsky expresó que la única manera para probar esta permeabilidad es que el hombre desarrolle un sexto sentido o lo que ella llama "clarividencia normal".

> ... vale la pena señalar la real importancia de la intuición prudente pero incompleta que ha provocado—entre Espiritistas y Teósofos, y una variedad de grandes hombres de ciencia... el uso de la expresión moderna "la cuarta dimensión del Espacio"... la expresión familiar sólo puede ser una abreviación de la forma más completa—la "Cuarta Dimensión de la MATERIA en el Espacio". Pero es una expresión infeliz incluso expandida de este modo, porque si bien es perfectamente cierto que el progreso de la evolución puede estar destinado a presentarnos nuevas características de la materia, aquellas con las cuales ya estamos familiarizados son

realmente más numerosas que las tres dimensiones. Las facultades, o... las características de la materia, deben claramente sostener una relación directa siempre a los sentidos del hombre. La materia tiene extensión, color, movimiento (movimiento molecular), sabor y olor, correspondiendo a los sentidos existentes del hombre, y mientras se desarrolla la próxima característica—llamémosla por el momento PERMEABILIDAD—esto corresponderá al próximo sentido del hombre—llamémoslo "CLARIVIDENCIA NORMAL"; de este modo, cuando algunos pensadores audaces han estado sedientos de encontrar una cuarta dimensión para explicar el paso de la materia a través de la materia, y la producción de nudos sobre una cuerda continua; lo que ellos realmente buscaban, era una sexta característica de la materia. [18]

Por tanto, desarrollar ese sexto sentido más allá de nuestros cinco sentidos con el fin de ver la materia densa a través de nuestra clarividencia normal tan permeable es la llave para percibir la Cuarta Dimensión.

En cuanto a esos esfuerzos pasados y presentes para definir y especular acerca de la Cuarta Dimensión desde el punto de vista de los sentidos y la mentalidad Tridimensionales, utilizando la geometría, tetra cubos, modelos computacionales, etc. la Cuarta Dimensión permanecerá siendo difícil de alcanzar y aunque estos esfuerzos no puedan ayudar, servirán para preparar la conciencia de las masas para algo nuevo.

---

[18] Blavatsky, Helena P. *La Doctrina Secreta*, Vol. 1 págs. 251-52.

Cap 4 Primeros Pasos Dentro de la Cuarta Dimensión

Las tres dimensiones pertenecen en realidad no más que a un atributo o característica de la extensión--materia; y el sentido común popular justamente se revela contra la idea de que bajo cualquier condición de las cosas puede haber más que tres de tales dimensiones como la longitud, anchura, y espesor. Estos términos, y en sí el término "dimensión", pertenecen todos a un plano de pensamiento, a una etapa de la evolución, a una característica de la materia... Pero estas consideraciones no militan en modo alguno contra la certeza de que en el progreso del tiempo—mientras las facultades de la humanidad son multiplicadas—así también serán multiplicadas las características de la materia". [19]

Habilidades del Sexto Sentido

El sexto sentido o clarividencia natural es la llave de las razas presentes y futuras para conocer la Cuarta Dimensión. Para muchos portadores de luz y ocultistas en el Sendero, estas facultades ya están en funcionamiento, pero para nuestros propósitos, concentrémonos en la visión etérica, porque ésta es probablemente la primera facultad que será evidente para la mayoría de la gente en las próximas décadas.

Visión Etérica: la Percepción Inicial de la Cuarta Dimensión

Recapitulando, la visión etérica es la capacidad del ojo físico para percibir auras y campos de energía alrededor de los objetos y formas. Este sexto sentido marca el inicio de la percepción humana de la permeabilidad de la materia.

---

[19] Ibíd., pág. 252.

El ojo humano aparentemente ya ve mucho más de lo que el cerebro puede conocer. El conocimiento y la comprensión actual de esta imagen ocurren en el cerebro, después que la imagen ha sido transmitida desde la retina a través del nervio óptico hasta el cerebro y esa capacidad visual extra que la visión etérica proporciona en realidad tiene lugar en el cerebro, no en el ojo.

El cambio que permite al cerebro conocer lo etérico viene como resultado de: 1) la aceleración en marcha de las energías que incrementa la actividad molecular en el cuerpo y el cerebro, creando un ojo, nervio óptico, y cerebro más sensibles. 2) la limpieza de la bruma astral que sigue a la expulsión de las Fuerzas Oscuras durante estos tiempos de agitación 3) el cultivo de vibraciones superiores que vienen a través de la comprensión y el estudio de la Sabiduría Antigua, y 4) la meditación profunda y rutinaria que incrementa el contacto con el alma.

El Sexto Sentido o Visión Etérica en la Quinta y Sexta Razas Raíz

En las Cartas de los Mahatmas, el Maestro Kuthumi reveló que la actual Quinta Raza Raíz comenzó hace un millón de años. Como todas las Razas Raíz, la Quinta Raza Raíz está compuesta por siete sub razas y la humanidad está destinada a experimentar cada ciclo de estas sub razas. En el tiempo alrededor de 1880, Kuthumi reveló que las poblaciones Coloniales Británicas y norteamericanas representaban la séptima sub raza de la Quinta Raza Raíz o el punto más alto de la intelectualidad física de la Quinta Raza Raíz. Eso era en 1880.

Cap 4 Primeros Pasos Dentro de la Cuarta Dimensión

El Maestro también reveló que cuando una Raza Raíz—en este caso nuestra Quinta Raza Raíz—alcanza su cenit de intelectualidad física y es "incapaz de ir más alto en su propio ciclo, su progreso hacia el mal absoluto será detenido... por uno de tales cambios catastróficos; su gran civilización es destruida, y todas las sub razas de esa raza se encontrarán disminuyendo en sus respectivos ciclos, después de un corto período de gloria y aprendizaje... A ninguna Raza madre, como a ninguna de sus sub razas y vástagos, se les permite según la Ley Reinante, infringir las prerrogativas de la Raza o Sub raza que les siguen; mucho menos—usurpar el conocimiento y las potestades reservadas para sus sucesoras. "No comerás del fruto del Conocimiento del Bien y el Mal del árbol que está creciendo para tus herederos".[20]

Interpretamos el significado de esta afirmación como lo siguiente: La Quinta Raza Raíz ha estado disminuyendo y saliendo gradualmente y alcanzó su cenit al inicio del siglo 20. Coincidiendo con la presencia de la Quinta Raza Raíz, algunas almas de la primera generación de la Sexta Raza Raíz comenzaron a encarnar en la tierra, alrededor de la segunda mitad del siglo XIX, tal vez comenzando entre 1861 y 1875[21].

Durante los últimos cincuenta años, han encarnado muchos de estos precursores de la Sexta Raza Raíz y están dotados con el sexto sentido necesario para percibir la Cuarta Dimensión. Pero debido a que la educación en el mundo de hoy es todavía indudablemente un producto del

---

[20] Cartas de los Mahatmas 93 B, párrafo 5
[21] Este período corresponde al paso del planeta Neptuno a través de Aries, luego a través del resto de los signos del Zodíaco a donde se encuentra actualmente hasta 2012 en el signo de Acuario.

pensamiento de la Quinta Raza Raíz, este potencial ha sido suprimido, pero cobrará vida de nuevo en los años por venir.

También sabemos que debido a la aceleración, el sexto sentido también está siendo activado en la séptima sub raza de la Quinta Raza Raíz. Esta activación también puede mejorarse a través de la meditación y el estudio de la Sabiduría Antigua.

De esta manera, emerge el potencial de la facultad del sexto sentido, lo cual permitirá a los seres humanos comenzar a percibir la Cuarta Dimensión, que existe muy firmemente en la tierra de hoy, desconocida para la mayoría de personas. En su forma más visible, hay muchos individuos con capacidades psíquicas que sirven como médiums y psíquicos pero hay muchos más que aún tienen que reconocer esta capacidad.

La ilustración muestra el diagrama de todo el plano etérico que está dividido en siete sub-planos etéricos. Los sub-planos más bajos y densos, el 7º, 6º, y 5º; representan nuestro mundo físico Tridimensional y corresponden respectivamente a los reinos mineral, vegetal y animal. El siguiente nivel es el 4º sub-plano etérico en donde la Cuarta Dimensión comienza, y es *invisible* para el ojo físico común. Este 4º sub-plano etérico es la entrada a la Cuarta Dimensión. Todos los sub-planos sobre él, el 3º, el 2º, y el 1º, comprenden los estados más sutiles de la Cuarta Dimensión.

Ubicación de la Cuarta Dimensión

Sub-planos	El Plano Etérico
1	Sub-plano Superior de la

2	Cuarta Dimensión Sub-plano Intermedio de la Cuarta Dimensión
3	Sub-plano Intermedio de la Cuarta Dimensión
4	Sub-plano Inferior de la Cuarta Dimensión
5	Reino Animal de la Tercera Dimensión
6	Reino Vegetal de la Tercera Dimensión
7	Reino Mineral de la Tercera Dimensión

El nivel más bajo o más denso del *invisible* mundo etérico de la cuarta dimensión es el 4º sub-plano etérico y puede ser conocido progresivamente por la visión etérica. La visión etérica no puede ver más allá de este nivel.

Mientras avanzamos hacia el tercer, segundo y primer sub-plano etérico nos adentramos progresivamente en materia etérica más sutil y vibrando más rápido que es totalmente invisible para el ojo físico, pero el tercer ojo de la mente en el centro de la cabeza, si está desarrollado, puede conocer la vida en estos sub-planos etéricos superiores.

Así el 4º sub-plano etérico es el primer paso hacia la mitad invisible de nuestro mundo etérico. Es este nivel el cual en un tiempo representó la existencia física más densa de la humanidad hasta la así llamada "Caída de Adán" producida en el reino físico denso. Después de haber pasado por el proceso de limpieza de esta transición en la tierra, la puerta se abrirá de nuevo a la humanidad para reingresar o recuperar a este primer nivel de la Cuarta Dimensión.

Después de entrar en la Cuarta Dimensión, el ascenso o ascensión es en esencia nuestro camino espiritual desde el 4º sub-plano etérico al 1er subplano etérico. Después de haber alcanzado el 1er subplano etérico, habremos completado el viaje evolutivo de la Cuarta Ronda en la tierra. Entonces la tierra se autodestruirá y entraremos en un pralaya mayor o período de descanso después del cual nuestras mismas mónadas se reagruparán en otro planeta, probablemente en cuerpos mentales refinados, en lo que será la Quinta Ronda. Esta es la dirección a largo plazo de nuestro plan evolutivo; sin embargo, nuestro objetivo inmediato con este libro es el insignificante período de cincuenta años en el que nos embarcaremos en este sendero.

Indicios de la Cuarta Dimensión

En los experimentos anteriores, había indicios de seres vivos existiendo ya en la Cuarta Dimensión. Una vez que seamos capaces de conocer esta dimensión, la compartiremos con otros habitantes nunca antes vistos: los elementales o devas y seres del reino angélico.

En nuestra Tercera Dimensión, los clarividentes ya pueden observar el funcionamiento de este Reino Deva. Por tanto cuando la gente redescubra la naturaleza y su abundancia sin el velo que las Fuerzas Oscuras han arrojado sobre ellos, también se encontrarán este otro reino y aprenderán gradualmente a integrarse en las corrientes de vida de estos seres, en gran parte de la misma manera que hemos aprendido a vivir con nuestros animales mascotas.

Cap 4 Primeros Pasos Dentro de la Cuarta Dimensión

Con la expansión de la visión etérica, los avistamientos físicos de nuestros amigos devas se volverán más y más frecuentes. Esto debería comenzarse captando un movimiento a la esquina del ojo. Los sueños de esta dimensión pueden volverse más y más reales. Las cosas pueden desaparecer sólo para reaparecer en donde fueron colocadas en primer lugar. Puede haber un movimiento en las habitaciones o que el gato mascota persiga algo invisible. Tales "extraños" acontecimientos se multiplicarán hasta que el reino deva se vuelva más descaradamente visible. La 6ª Raza Raíz se centrará en este reino y las sub razas más avanzadas de la 5ª Raza Raíz aprenderán a interactuar con este reino deva también.

Esta integración progresiva en la Cuarta Dimensión se alcanzará principalmente con una integración más armoniosa con la naturaleza. Increíbles innovaciones en la tecnología saldrán del respeto por la naturaleza y comenzarán a tocar el borde de la Cuarta Dimensión de la mayoría de las cosas. Por ejemplo, la energía (combustible, petróleo) tiene un aspecto en la Cuarta Dimensión, y éste es la energía libre. Este concepto hizo su debut en los experimentos Tesla en el cambio de siglo sólo para ser brutalmente suprimido. La energía libre finalmente dominará el campo de la energía, ya que como puede verse—carbón, petróleo, madera—son los aprehensores densos de esta misma energía. La liberación de esta energía de los aprehensores es ver la energía en términos de la Cuarta Dimensión.

Fuerzas de Producción y de Construcción de las Formas Redefinidas

También comenzaremos a ver y entender el

proceso continuo de creación mientras aprendemos a observar a los devas constructores o formas elementales construyendo. Seremos capaces de contrastar cómo las personas fueron esclavizadas en fábricas de producción en el régimen material. Todo el régimen de producción industrial en fábricas eventualmente dará paso a los constructores "verdaderos".

El proceso creativo de visualización que necesitamos a fin de llevar a cabo el Plan Divino, pone en marcha una reacción en cadena de la actividad deva. La humanidad aprenderá a cómo cooperar con esta actividad creativa, a fin de manifestar todo lo que sirva para bien. La nueva demostración de algunos de los "milagros" que el Maestro Jesús realizó, tales como la multiplicación de los panes y los peces para alimentar a las masas ya no causará temor en la gente sino que será más común en la vida en la Cuarta Dimensión.

El Camino hacia la Cuarta Dimensión

Ya sea por el esfuerzo individual en el Sendero de Iniciación o a través de las sucesivas generaciones de los vehículos de la Sexta Raza Raíz es que la mente humana evolucionará al punto de elevarse hacia la Cuarta Dimensión. Sabemos que los grandes yoguis y ocultistas han avanzado hacia la Cuarta Dimensión a través del Sendero de Iniciación. Este sendero siempre está disponible para aquellos que eligen avanzar espiritualmente.

Para la mayoría de la población de la tierra, los ciclos de nacimiento-muerte también los llevarán eventualmente hacia la Cuarta Dimensión, pero a un paso más lento. Las nuevas encarnaciones que

Cap 4 Primeros Pasos Dentro de la Cuarta Dimensión

entrarán en la tierra en los vehículos de la Sexta Raza Raíz serán cada vez más capaces de ver y existir en la Cuarta Dimensión. La evolución humana demanda la continua liberación del alma y en los próximos años el alma se expresará a través de las siempre evolucionantes poblaciones raciales etéricas que estarán llevando a la humanidad hacia la Cuarta Dimensión. Actualmente, el alma se esfuerza por expresarse lo mejor que puede a través de nuestros cuerpos físicos densos. Una vez que nuestros cuerpos físicos densos abran paso a nuestro cuerpo etérico, seremos capaces de operar en el 4° sub-plano etérico. Este cuerpo etérico es a lo que los expertos del Movimiento de la Nueva Era llaman el cuerpo de luz.

A través del cuerpo físico denso, el alma simplemente encuentra un punto de apertura a través del cual brillar, pero a través del cuerpo etérico, brillará en un mayor grado, creando así todo un universo de posibilidades en la forma. La materia etérica más ligera proporciona al alma una mayor ventana de expresión. Es como el vidrio transparente en comparación con el vidrio translúcido.

Hay vastas lecciones para ser aprendidas y vida para ser experimentada en el plano etérico. Podemos mirar en el futuro esta perspectiva sin temor. En esencia, estamos regresando nuestras vidas a ese plano, pues antes que nos volviéramos materia física densa, vivíamos en este plano. Desde entonces, nuestras almas han experimentado millones de años de involución y han viajado a través de algunas de las materias más densas en el universo tratando de expresar inteligencia por medio de la materia densa. Ahora estamos volviendo al plano etérico, esperemos que mucho mejor y con un mayor sentido de dominio. Las lecciones aprendidas previamente mediante la materia densa serán llevadas al etérico. Seremos muy similares a una persona ciega que ha aprendido a ir por la vida usando otros sentidos y que gradualmente se abre a la visión normal.

Cuando la tierra haya reunido las condiciones fundamentales de reequilibrio, estaremos todos en el umbral de esta nueva dimensión. El largo viaje por medio de la materia densa nos ha demostrado que no importa cómo, pero la materia encontrará un camino para brillar a través de cualquier vehículo de expresión.

Orientación de la Hermandad de la Luz

Nuevas enseñanzas de la Hermandad de la Luz comenzarán a aparecer en las siguientes décadas. Estas enseñanzas marcarán el camino para que la humanidad emprenda su viaje hacia la Cuarta Dimensión y se sumará a la Sabiduría Antigua que hemos aprendido hasta ahora. Un avatar, el Instructor del Mundo, en la forma que la Jerarquía Espiritual considere conveniente, expondrá de nuevo las enseñanzas que ayudarán a la humanidad a encontrar su camino hacia esta nueva dimensión, al igual como Buda y Jesús el Cristo establecieron los estándares espirituales para la era de Piscis.

Como es usual, la humanidad no está siendo enviada con los ojos cerrados hacia una nueva dimensión, y el buscador de la verdad recibirá la amable mano de orientación de sus viejos amigos de la Hermandad.

Capítulo 5
Sembrando en la Conciencia de las Masas

Unos cuantos meses después del "ataque" a las torres gemelas en Nueva York el 11 de septiembre de 2001, el sitio web de la Fundación Sanctus Germanus publicó un artículo de opinión llamando al incidente "el más grande acto de traición" cometido en los EE.UU. Lo que implicaba esta declaración era que los autores de este desastre vinieron desde adentro de los EE.UU. y no desde alguna cueva lejana en Afganistán. Hoy, una década después de este incidente, es ampliamente conocido entre millones de personas alrededor del mundo que el 11-S vino desde dentro y no es nada en absoluto de lo que ha sido divulgado por la prensa mundial.

Expertos ingenieros en estructuras y demolición de todo el mundo han concluido que el colapso de las Torres Gemelas es el resultado de una cuidadosa y deliberada demolición en lugar del ataque aéreo que fue retratado tan dramáticamente en las pantallas de televisión del mundo. Una simple y lógica evaluación de los eventos que llevaron al ataque muestra cuan cuidadosamente había sido planeado el incidente desde dentro de los más altos despachos de los EE.UU. y otros gobiernos extranjeros, y no por un falso cuco de una cueva en Afganistán usando teléfonos celulares y walkie-talkies para coordinar semejante evento.

Este es un ejemplo del poder del pensamiento puesto en la conciencia de las masas. Cuando una forma de pensamiento lleva la verdad y es lo suficientemente bien formulada con los detalles correctos necesarios, atrae la materia mental necesaria para hacerla crecer. El análisis realizado por los ingenieros y arquitectos es un ejemplo de cómo la forma de pensamiento reúne materia mental de apoyo para completarse a sí misma. Una interpretación más y más completa del incidente del 11-S ha sido formulada ahora a partir de las semillas que fueron plantadas una década atrás y está siendo difundida ahora alrededor del mundo a las mentes receptivas vía la conciencia de las masas.

El Poder del Pensamiento para Efectuar el Cambio

En este punto de nuestro viaje hacia la Nueva Era, muchos de nosotros nos sentimos impotentes frente a la abrumadora estructura de control físico y mental que las Fuerzas Oscuras tienen a su disposición. Pero si hay aún algo en el mundo que es más poderoso que todo el arsenal de las Fuerzas Oscuras, es el poder del pensamiento. Ésta es el arma con la que cada uno está equipado para usarla durante la batalla en curso con las fuerzas de la oscuridad. Es aún más poderosa que los disturbios o manifestaciones en las calles en contra de las injusticias humanas, aunque tales manifestaciones sirven como puntos de referencia para medir el estado de cambio en la transmutación en marcha de la materia. El pensamiento es también la herramienta

Cap 5 Sembrando en la Conciencia de las Masas

creativa que puede ser utilizada para manifestar todo lo que se necesite.

La clave para el poder de la forma de pensamiento es su claridad y detalle. El Maestro, que una vez enseñó en Londres y Boston como se muestra en las series Iniciáticas de Cyril Scout, y que es conocido por nosotros bajo su seudónimo terrenal como Justin Moreward Haig, le dio al autor la fórmula simple para usar formas de pensamiento:

… (Nosotros) que rendimos culto a los pies de los grandes Budas, les encontramos contemplando esta simple verdad. Ustedes verán que hay parte de un misterio aquí. Eso que pasa por lo simple suele ser lo más profundo. Entonces cuando digo que todas las cosas comienzan por el pensamiento, hablo de creación de principio a fin. La ropa que estás usando alguna vez fue un pensamiento en la mente de un diseñador. Ahora adorna tu forma.

… Hay muchas cosas que quisiera decirte acerca del pensamiento, pero eso se encuentra aquí. Pero lo que sea que quieras lograr, primero piensa en ello específicamente sólo como un pensamiento. Verás que en esto hay confusión. Primero, debe ser visto como la forma de pensamiento que es y sólo entonces, una vez que el pensamiento está claro los átomos pueden saber cómo proceder para construir moléculas de materia alrededor de la forma de pensamiento. Así, verás que el pensamiento en sí mismo debe estar intacto, claro, y tan definido como pueda hacerse.[22]

---

[22] Una entrevista privada con el autor.

El poder del pensamiento está muy subestimado y la tendencia entre los portadores de luz es pensar que individualmente somos muy insignificantes como para hacer una diferencia. Pero con la comprensión de los ciclos y las tendencias cómicas que nos han dado en la Sabiduría Antigua, nuestro pensamiento puede ser puesto en armonía con lo que sabemos del Plan Divino, y dentro de ese plan, podemos generar formas de pensamiento con la calidad y detalle que pueda volver la batalla con las Fuerzas Oscuras a favor de las fuerzas de la luz.

Crear formas de pensamiento para manifestar las necesidades que tengamos es también un derecho válido, pero este proceso creativo ha sido deformado en otra industria más de la Nueva Era que comercializa las enseñanzas espirituales. Por medio de seminarios costosos y de altos vuelos, expertos en marketing se aprovechan de portadores de luz bien intencionados para usar "el secreto" de la Ley de Atracción para satisfacer los deseos egoístas de cada quien y volverse parte de los súper ricos. Crear formas de pensamiento para manifestar una mansión en una urbanización privada con piscina y dos automóviles deportivos estacionados en la entrada es muy diferente de crear formas de pensamiento que verterán luz sobre las mentiras y proyectos que las Fuerzas Oscuras perpetran contra nuestros hermanos.

Sembrando en la Conciencia de las Masas

La conciencia de las masas existe en el plano mental inferior y a menudo trabaja en tándem con el plano astral. Las emociones astrales inferiores penetran el plano mental inferior, oscilando entre la materia mental y astral. La conciencia de las masas refleja así el hecho de que la gran mayoría de las poblaciones de la tierra viven de acuerdo a los impulsos emocionales y a funciones mentales básicas necesarias para sobrevivir, lo cual provee de carne fresca a las Fuerzas Oscuras.

Invocación de la Luz en la Conciencia de las Masas

Mientras se agota el karma mundial, nosotros, los habitantes de la tierra, tenemos el derecho de invocar la luz y la ayuda de la Jerarquía Espiritual. Tenemos el derecho a pensar en la verdad de lo que está pasando, no importa lo que los medios de comunicación nos estén diciendo. Finalmente, tenemos el derecho y el poder de enviar nuestros pensamientos iluminados hacia la conciencia de las masas, sin odio o emoción sino como una cuestión de deber, siendo portadores de luz en encarnación en la tierra. Todo este proceso de pensamiento es hecho internamente lejos de los ojos de las Fuerzas Oscuras y tiene la fuerza incalculable del cosmos detrás de él.

Una vez que emitimos estos pensamientos portadores de luz hacia la conciencia de las masas, ellos encontrarán su camino hacia las personas de mente abierta de vibraciones similares. Este es el verdadero funcionamiento de la Ley de Atracción. Por medio de esta maravillosa ley cósmica, la forma de pensamiento portadora de luz se abre camino a través de los frecuentes oscuros recovecos de la conciencia de las masas y comienza a llegar a más y más portadores de luz y a las personas de mente abierta alrededor del mundo. Así cobra velocidad y sobreviene un efecto de bola de nieve.

Cada forma de pensamiento iluminada trabaja para contrarrestar las mentiras y el engaño que reside en la conciencia de las masas, Y ES EN LA CONCIENCIA DE LAS MASAS QUE OCURRE LA SANACIÓN INICIAL DEL CUERPO MENTAL DE LA TIERRA.

La conciencia de las masas puede llegar a más individuos que los medios de comunicación y puede adquirir una velocidad considerable en cambiar el balance entre la luz y la oscuridad en la tierra. Tocará las mentes de las personas mientras duermen, en tranquilos momentos de contemplación durante el día, en oraciones, e incluso en los momentos más inesperados de la vida diaria. Y mientras las mentes cambian, también comenzará a manifestarse el reequilibrio en el plano terrestre.

Las Fuerzas Oscuras saben de este poder y luchan tratando de crear cada forma concebible de ruido y distracciones reales y virtuales para crear confusión. Incluso dirigen a sus agentes en el plano astral para susurrar contra-pensamientos que parecen ser iguales que los pensamientos propios. De esta manera, ellos, también, alimentan la conciencia de las masas con mentiras, verdades a medias y sofismas. Para hacer que estas distracciones se adhieran, proyectan cualquier cosa que estimule los chakras inferiores de modo que el pensamiento sea sostenido en las cadenas sensuales.

Sin embargo, aquellos que vean más allá de estas reconvenciones, pueden formar la bola de nieve inicial cuyo impulso y tamaño eventualmente acabará con estas obras de las Fuerzas Oscuras. La conciencia de las masas se enmendará y así representará los verdaderos pensamientos de los habitantes de la

Cap 5 Sembrando en la Conciencia de las Masas

tierra.

Lo que puedes hacer…

A continuación se encuentra la Invocación para contrarrestar las Fuerzas Oscuras, un regalo de la Jerarquía Espiritual. Esta invocación ataca cada actividad a la que se dedican las Fuerzas Oscuras y proporciona las soluciones divinas a ellas. Se puede utilizar cada estrofa o grupos de estrofas para construir más formas de pensamiento más sustanciales basadas en tu propia experiencia y entendimiento.

Esto es lo que puedes hacer:

1. Estudia la invocación estrofa por estrofa.

2. Concéntrate en una o dos estrofas por día: compréndelas y medita sobre ellas. Amplíalas con tus observaciones de los acontecimientos y experiencias.

3. Una vez que comprendas la estrofa con suficiente detalle, emite tu forma de pensamiento hacia la conciencia de las masas.

4. Emisión de la forma de pensamiento: Imagina la forma de pensamiento como un globo que se eleva hasta la conciencia de las masas. Una vez ahí, explota y envía sus formas de pensamiento ondulando a través de la conciencia de las masas.

Hay suficientes estrofas para mantenerte ocupado por un mes completo. Una vez que termines toda la invocación, vuelve al principio y haz la invocación por todos los meses que consideres necesario como parte de tu esfuerzo para sembrar en la conciencia de las masas.

Las formas de pensamiento que cada uno de nosotros envíe a la conciencia de las masas encontrarán, a través de la Ley de Atracción, a aquellos de vibraciones similares alrededor del mundo que están dispuestos a recibirlas, adoptarlas y ponerlas en acción. Esto alcanzará a los portadores de luz que han sido colocados al frente de las actividades financiadas y promovidas por las Fuerzas Oscuras.

Cuando estas formas de pensamiento se llenen con el entendimiento y el poder que les esparces y les das, la conciencia de las masas, con todo su bien y su mal, será transformada; pero incluso antes de esta gran transformación, hará su trabajo de "distribuir" las formas de pensamiento que has enviado a aquellos de vibraciones similares.

Invocación para Contrarrestar a las Fuerzas Oscuras

Oh, luz viviente de amor.
Oh, gran y Santa Madre Divina
Que ERES la dulzura de la vida misma,
Ven, ven, ven
Al plano terrenal como nunca antes.
¡Ven, O querida Madre Cósmica!
Envuélvenos a todos.
Acógenos a todos en tu abrazo maravilloso.

Reconfórtanos y danos la fuerza
Y la valentía de ser lo que realmente somos-
Seres de Amor y del perdón; seres Alegres y Risueños.
Y, O Madre Divina,
Trae tu escoba y barre limpiando la tierra
De todos aquellos que no te respetan,
De todos aquellos hijos equivocados,
Ya que son tus hijos también,
Que imprudentemente han tomado el Camino Oscuro
De la dominación, la opresión, y la
Manifestación desequilibrada de la energía masculina.

¡Que el Rayo Femenino se manifieste!
Que el Rayo Femenino sea glorificado.
Que el Rayo Femenino venga a su poderío final.
Y que haya, ahora,
Un muy poderoso reajuste Kármico en este planeta,
En la tierra como en el cielo.

Que todos aquellos que quieren dominar a otros
Que quieren oprimir a otros,
Que quieren castigar a otros,
Que tienden hacia la crueldad, la malicia, la tortura,
Y demás manifestaciones del mal,
Deja que estos conozcan el juicio justo
Del Señor Dios y sus Servidores de la Luz.

Que el Gran Arcángel Miguel
Descienda ahora sobre la tierra
Trayendo a sus innumerables legiones de ángeles
Y limpien la tierra
De aquellos que no paran de hacer la guerra
Que no paran de aterrorizar a otros
Y que no paran de mentir a sus hermanos.

Deja que todos los estratos de la Oscuridad sean expuestos
A la luz más abundante de la verdad.
Deja que todos los líderes mundiales que se inclinan a la guerra,
Que se inclinan a colaborar con esas fuerzas oscuras,
Que hasta ahora han controlado
El dinero y el poder en este planeta;
Deja que éstos puedan elegir.
Envíales Ángeles mientras duermen,
Mensajeros resplandecientes que los despertarán
Y les dirán "Usted, que dirige el país,
Sea CONSCIENTE.

La ELECCIÓN es suya ahora:
¿Continuará del lado de estos Seres Oscuros,
Que hacen la guerra, arrebatan, mienten y matan?
Porque si es así, usted caerá con ellos también,
¡Y pronto además!

Si usted tiene el corazón,
Si usted tiene la mente,
Para ver que este no es
El camino de la Luz, el Amor y la Alegría
Y tiene la valentía para cambiar de rumbo,
Haciendo algo de verdadero valor para su país,
Entonces usted será un líder de verdad.

De lo contrario, prepárese para perder todo lo que tiene.
Y eso con toda probabilidad,
Incluye su vida física también.
Ya que no puede haber más tolerancia
De ese mal que se deleita en la malicia.

Que la avalancha de Karma
Sea arrojada sobre todos aquellos

Cap 5 Sembrando en la Conciencia de las Masas

Quienes por ningún momento
Consideran cambiar sus actitudes
Testarudas, frías y calculadoras.

Y que éstos sean regresados al Reino Espiritual
Para que puedan ser educados y reprogramados
Ya que tales cosas no funcionan,
Nunca han funcionado
Y nunca funcionarán.
O Madre Divina, ven personalmente.
Toca nuestros corazones.
Ilumínanos a todos para que podamos ver
Que la TOLERANCIA es hermosa.
Pero de nada sirve
Cuando es extendida a aquellos
Que no tienen tolerancia para nadie excepto para ellos mismos.

Que los Señores del Karma
Se muevan rápidamente y con fuerza
Para parar a aquellos
Que buscan guerra tras guerra
Y la manipulación de esta población.
Nosotros clamamos por el Ojo de Dios que Todo lo Ve
Para exponerlos en los medios de comunicación,
Ante todo el mundo;
Nosotros clamamos por el Ojo de Dios que Todo lo Ve
Para exponer la falsedad que se esconde detrás de ellos.
La fachada que ellos han creado
Y todo aquello que ocurrió
En el 11 de septiembre
Del año 2001
Que no fue tal como lo pintaron.
Que se ponga al descubierto esto
Desde lo más profundo

Para que TODOS ellos muestren lo que son en realidad--
Unos perpetradores de mentiras.

Aquellos quiénes son la reencarnación de
Los Hijos Embaucadores de la Atlántida
Y aquellos que han venido desde otros planetas
Y que simplemente se les han pasado las riendas
Al lado de los así llamados líderes de los países del plano terrenal.
Que se aparte ya el grano de la paja
Con la guía y la dirección del Gran y Santo Maestro Jesús mismo.

Que traiga Él su poderosa espada y corte los lazos,
Hasta los lazos familiares si es necesario,
Que atan a la gente dulce, compasiva e inocente
A aquellos que están inclinados y propensos a
Dominar, perjudicar, mentir, engañar, robar, oprimir,
Y demás cosas
Que nada tienen que ver con el Cristo.
Y que el Gran Señor Buda,
El Señor del Mundo, sea también establecido en toda su gloria,
Irradiando su Luz Dorada de Sabiduría
Para que todos se eleven y vean claramente
Como se les ha mentido.

¡Como han sido engañados
al confiar en estos!
¡Como tenían que haber cuestionado
la autoridad dondequiera que se encontrara!
Y que sólo cuando pudieran oír
La verdad sonando en sus propios corazones
Hubieran sido justificados
De estar satisfechos con estos.

Cap 5 Sembrando en la Conciencia de las Masas

Que se haga la voluntad de Dios en todo asunto,
Y que la justicia sea veloz,
Especialmente sobre todos aquellos que se alinean
Con instituciones como la IRS
Que injustamente toman el dinero
De los que más lo necesitan.
Que su acusación sea la siguiente:
Nosotros, la Gente de la Tierra,
Acusamos AHORA a las instituciones como la IRS
De robar la comida de la boca de los niños que la necesitan,
De robar la comida de los ancianos
Y de aquellos que no pueden trabajar,
Y usan tales recursos para crear la guerra y su maquinaria belicista.
EXIGIMOS que se les impute la responsabilidad
De cada gota de sangre derramada en su nombre
Y de cada guerra que han comenzado
Simplemente para generar dinero.

Que el Dios Viviente Todopoderoso
Dentro de cada uno de nosotros, se LEVANTE como nunca antes.
Y sea UNIFICADO como una pared de fuego
Que quema, quema, quema;
Derrumbando su fachada,
Derrumbando sus cuarteles,
Derritiendo sus ordenadores;
Causando que cada uno de ellos se dé a la fuga.
Porque por fin,
Ha llegado a la puerta
El Señor de la Justicia
Exigiendo explicaciones
Por sus actos de maldad.

No lo vamos a tolerar ni un segundo más,
Exigimos que se haga justicia ahora.

Que sean ellos quienes huyen en vez de nosotros.
Que sean ellos los que se dispersan,
Buscando refugio en las cimas de las montañas,
Escondiéndose de aquellos
Que los llevarán a su justo fin.
Que estas cosas ocurran,
Ahora y para siempre
Hasta que el planeta sea como siempre debió haber sido:
Un Jardín de Belleza, un lugar de Amor y Alegría,
Que terra pueda unirse a sus hermanas y hermanos
En la parada cósmica de planetas liberados.

Y que el Gran y Santo Maestro Saint Germain,
El Señor de la Libertad para esta tierra,
Arroje su Milagrosa Bolsa en los gobiernos
De cada uno de los países que existen actualmente.
Y consuma con la Llama Violeta todo lo que no es recto,
Sus causas, sus núcleos, sus semillas, sus efectos
Así como todo recuerdo relacionado con ello.
Que se haga la voluntad de Dios.
Que solamente la Luz de la Libertad guíe
Este maravilloso desfile de luz.
Y que los Señores del Karma
Respondan a nuestro llamado.
Llevándonos de una vez por todas al Amor, Amor, Amor, y Amor
Que así sea para siempre.
Amén.

* * *

Formulación de tus propias Formas de Pensamiento de la Verdad para contrarrestar la Corrupción

Cap 5 Sembrando en la Conciencia de las Masas

Sembrar en la conciencia de las masas formas de pensamiento correctas concernientes a tu región de origen puede producir también efectos muy específicos y locales. Como portadores de luz ustedes representan la verdad. Su sentido innato de lo que está bien y lo que está mal se deriva de la experiencia del alma que se remonta milenios atrás. Cualquier señal de corrupción, no importa cuan pequeña sea, les molesta, y si entra en su experiencia, se les da la oportunidad de corregirlo. Otros se encogen de hombros ya que "las cosas son como son", pero ustedes no pueden tomarlo tan a la ligera.

La corrupción penetra todos los niveles de nuestra sociedad actual. Esto pasa porque nuestros líderes son corruptos e inmorales, y esta falta de moralidad se filtra descendiendo a través de la sociedad y seduce a todos los que tienen alguna pizca de poder.

El alcalde de tu ciudad es sospechoso de fraude o malversación de fondos. Un respetado miembro de la comunidad, un asesor de inversiones, estafa a sus clientes con millones. Otros promueven planes de inversión de todo tipo robando suavemente miles de millones de sus clientes. Éstos son los ejemplos de corrupción que hacen un éxito a los periódicos. Sin embargo, otros actos ya sea o pasan desapercibidos o son considerados demasiado pequeños para hacer un alboroto. El funcionario del condado o de la ciudad puede estar presentando solicitudes de reembolso que exageran los gastos reales. El empleado a cargo de los objetos perdidos y encontrados puede estar tomando los objetos encontrados para su uso personal. El personal de bodega de la tienda local de segunda mano puede estar quedándose con todas las donaciones de valor para sí mismos y dejando lo menos valioso para la venta al público. El vendedor de verduras puede arreglar su balanza muy ligeramente para engañar a sus clientes con unos cuantos centavos en el día de mercado. Gurús de la nueva era, expertos, psíquicos y médiums cobran importantes sumas por información falsa que les es dada por entidades astrales sin escrúpulos. La lista sigue y sigue, y a menos que estos casos aparentemente inocuos de corrupción sean eliminados de todos los niveles de la sociedad, la tierra no puede seguir adelante.

Todos, especialmente los portadores de luz, deben estar conscientes tanto de la mayor o menor presencia de la corrupción y no tener miedo a decir la verdad, especialmente en las pequeñas ciudades y comunidades rurales en donde "crear problemas" puede disgustar a amistades y vecinos con intereses ocultos. El portador de luz no necesita entrar en una pelea con las personas involucradas, sin embargo puede estar al tanto de los detalles que están ocurriendo.

Sin ninguna limitación, el portador de luz puede meditar sobre estos casos de corrupción y enviar la idea correcta a la conciencia de las masas. ¿Cuántos casos similares de corrupción pueden alcanzarse con la idea correcta alrededor del mundo? Millones, incluyendo el caso específico con el que estés involucrado. ¡La verdad puede ser sorprendentemente específica y general al mismo tiempo!

Guerreros de un Tipo Diferente

Los portadores de luz que forman las filas de las Fuerzas de Luz del Maestro Saint Germain empuñan las mismas "armas" que los grandes Budas de nuestra era: formas de pensamiento cargadas con la verdad. El campo de batalla en el plano terrenal tiene lugar primero en la conciencia de las masas, la cual desafortunadamente, han dominado las Fuerzas Oscuras durante mucho tiempo. Cualquier acción maligna representada en el plano terrenal se origina de un pensamiento maligno, por el contrario cualquier acción buena y sincera se origina de un pensamiento bueno y sincero. Una forma de pensamiento maligna puede ser neutralizada por su contraparte, una forma de pensamiento sincera, y la victoria está asegurada. Una fuerza militar malvada y fuertemente armada puede ser quebrantada si las formas de pensamiento que la han creado son neutralizadas o destruidas por formas de pensamiento de la luz, portando conocimiento de tales armas. De este modo una forma de pensamiento portadora de luz debe ser cuidadosamente pensada o trazada en detalle para asegurar su eficacia.

Gran parte de lo insinuado aquí es que el portador de luz debe estar informado pero no involucrado emocionalmente con la información que él o ella esté creando en la forma de pensamiento. La creación de los portadores de luz debe estar basada en la ley cósmica, estando en consonancia con su conocimiento del Plan Divino y estando cargada con el conocimiento material del caso en cuestión. Si la forma de pensamiento involucra a la economía, entonces la información acerca de la economía debe ser sólida y veraz. Si el gobierno está en connivencia con el sector bancario de las Fuerzas Oscuras y robando miles de millones del dinero de la gente, entonces el portador de luz o grupos de portadores de luz deben formular formas de pensamiento bien informadas sobre buen gobierno y la banca para hacer frente a estas acciones. Este es el tipo de pensamiento-guerrero activo que se le exige a las fuerzas de luz. Como David ante Goliat, cualquiera que desee asumir la tarea de derribar al sector bancario puede hacerlo mediante la siembra en la conciencia de las masas con todas las formas de pensamiento buenas que contrarresten este tipo específico de colusión. Pero los creadores de estas formas de pensamiento cargadas de principios deben estar correctamente informados en todos los aspectos, esotérica y no esotéricamente, del asunto específico en cuestión. Una vez más reiteramos lo que el Maestro JMH dijo sobre este asunto:

> ... Primero, debe ser vista como la forma de pensamiento que es y sólo entonces, una vez que el pensamiento sea claro, los átomos podrán saber cómo proceder para construir las moléculas de materia alrededor de la forma de pensamiento. De esta manera se verá que el pensamiento mismo debe estar intacto, claro, y tan definido como se pueda hacer. Hablo de estas cosas, porque me parece que esos cuantos obstáculos con los que tropezamos tienden a aparecer porque lo que se ha intentado no ha sido claramente pensado. No tan claramente cómo podría hacerse. Entonces, que todas las cosas sean vistas por lo que son---pensamientos, pensamientos, pensamientos...[23]

Proyectiles de Pensamiento

La construcción de complejas formas de pensamiento puede venir como resultado de un libro escrito sobre un tema en particular, un blog en la

---

[23] Ibíd.

web, una carta escrita a las autoridades acerca de cierto crimen observado, alguna observación, un proyecto de investigación privado y una reacción a las noticias. Una vez pensada en detalle, la forma de pensamiento, para ser siempre efectiva, debe ser conscientemente enviada a la conciencia de las masas como un "proyectil de pensamiento".

Las formas de pensamiento tanto buenas como malas existen en la dualidad de la tierra, pero las buenas formas de pensamiento son dotadas con la ventaja en cualquier batalla que involucre a las dos. Debemos esperar la resistencia de las formas de pensamiento malignas y no que caigan sin dar la lucha. Aguantar su ruido y estrépito puede ser difícil y aquí es cuando la mayoría se dan por vencidos. El mal aparece para tomar el control sólo cuando las formas de pensamiento buenas se dan por vencidas demasiado pronto o permanecen inactivas debido a la negligencia, apatía o aquiescencia.

La persistencia en formular las formas de pensamiento es en sí misma un desafío. Sembrar activamente en la conciencia de las masas formas de pensamiento bien concebidas y detalladas es probablemente el arma más poderosa en contra del mal que existe. Socava la acción del mal quebrantando la forma de pensamiento misma que la sostiene, y habrás ganado la batalla. La derrota es manifestada en el plano terrenal.

Los portadores de luz no pueden esperar ganar un concurso de popularidad, tampoco. De hecho, probablemente tengan que nadar contra la corriente en la mayoría de casos. En todo momento, deben usar la sabiduría para expresar sus pensamientos. La mayoría del tiempo, optar por el silencio puede ser la mejor manera de actuar cuando se esté entre amigos y familia. No obstante, en el silencio de tu espacio de meditación, puedes crear formas de pensamiento poderosas y bien construidas que pueden tener un mayor impacto en los eventos del mundo y en tu comunidad.

En síntesis, como guerreros de un tipo diferente, los portadores de luz pueden activamente observar, meditar, enseñar y hablar en nombre de los principios, y al hacerlo, ellos crean las semillas de las formas de pensamiento que pueden ser enviadas como proyectiles de pensamiento hacia la conciencia de las masas y a partir de ahí ser distribuidas por todo el mundo.

Invocando la Ayuda de la Jerarquía Espiritual

Los Maestros de Sabiduría están listos para ayudar al portador de luz sólo si él da los primeros pasos para reunir y considerar detalladamente la información necesaria para la formulación de la forma de pensamiento. Esto incluye invertir tiempo y esfuerzo adquiriendo un conocimiento básico de la Sabiduría Antigua, ya que es una combinación de conocimiento terrenal y espiritual anclado en las eras lo que quebrantará el funcionamiento de las Fuerzas Oscuras.

Por respeto y adherencia a la Ley Cósmica del Libre Albedrío, la Jerarquía Espiritual debe permanecer al margen de cualquier batalla específica en la que estés involucrado, hasta que invoques su ayuda. Al invocarles, pondrán a disposición de los portadores de luz todos los recursos que necesiten para formular la forma de pensamiento o triunfar en la batalla. Se les da acceso a información así como se les recuerda ciertas leyes cósmicas y principios involucrados. Por lo tanto, es importante recordar invocar la ayuda de la Jerarquía Espiritual si es necesario.

Ayudando a la Transmutación de la Materia Concreta

La transmutación de la materia concreta es cambio, y sembrar en la conciencia de las masas formas de pensamiento cargadas de principios, en nuestra batalla en contra de las Fuerzas Oscuras, ayuda a lograr la transformación de la tierra que tanto deseamos. Esto no será cuestión de la noche a la mañana, pues incluso después que la batalla con las Fuerzas Oscuras haya sido ganada, el esfuerzo continuo de los portadores de luz para sembrar en la conciencia de las masas en las Regiones Espirituales será necesario para traer el equilibrio al mundo. ¿Se logrará este equilibrio entre 2050-2060? Todo dependerá de cómo formemos la conciencia de las masas por este tiempo.

Capítulo 6
Navegando a Través de la Agitación

Ahora tenemos una idea de hacia dónde se dirige la civilización en el Plan Divino y lo que podemos hacer para determinar la dirección de este viaje mientras los sistemas financieros y económicos colapsan y el mundo espera la guerra y los cambios terrestres. Todo tiene un papel en la transmutación de la materia densa de la tercera dimensión hacia la materia más ligera en el camino a la cuarta dimensión.

Durante los próximos cincuenta años, debemos esperar más "sacudidas por aquí y por allá" y la sociedad continuará experimentando olas de emociones que serrucharán al individuo y lo desquiciarán diariamente. Tú, como un portador de luz en medio de este caos, debes desarrollar tu fortaleza interna no sólo para salir intacto de este periodo, sino también para ejercer el liderazgo que aceptaste prestar durante este periodo. Esencialmente, debes dominar el traer tu plan divino hacia tu pensamiento consciente.

La magnitud de los cambios ante nosotros es tal que ya no podemos depender de la ayuda de los gobiernos, las burocracias, las organizaciones caritativas y organizaciones similares. Todas estas organizaciones, incluyendo a las privadas, se vendrán abajo. El único liderazgo sostenible en esta transición vendrá de los portadores de luz que estén firmemente en contacto con sus almas y que puedan mantenerse centrados e interiormente en paz mientras están rodeados por el caos.

El sendero que conduce a una comprensión consciente de su misión en la tierra durante estos tiempos estará plagado de obstáculos. Como mencionamos en el Volumen 2, su encarnación ya ha sido elegida como blanco de ataques, y un montón de distracciones y obstáculos han sido esparcidos ante ustedes con el fin de apartarles del camino. Esto es un hecho en muchas de sus vidas. Muchos de ustedes han sido debilitados por la posesión de entidades, relaciones y matrimonios disfuncionales, y problemas de dinero duraderos que han sido exacerbados por la crisis económica y/o sólo por la simple pereza de la edad. Nadie "te ofreció un jardín de rosas" cuando te ofreciste voluntariamente para reencarnar durante este periodo y después de todo, todavía tienes una opción, ya sea cumplir tu misión o regresar de encarnación con la penosa reputación de "Misión Incumplida".

Hemos insistido en la necesidad de que te adentres en la Sabiduría Antigua, no como una forma de adoctrinamiento religioso, sino como una manera de desarrollar tu conciencia y mente de modo que puedan mejorar el discernir las mentiras de la verdad, el sofismo de la sabiduría, y la distracción y el engaño del verdadero sendero. Las enseñanzas pseudo-espirituales diseñadas para vaciar tu bolsillo se han extendido, pero si no están basadas sólidamente en la ley cósmica se quedarán eventualmente en el camino. Mientras tanto has desperdiciado esfuerzo y tiempo valioso siendo sacado temporalmente del camino. La mayoría de los portadores de luz regresarán eventualmente a su camino y misión, incluso después de haber sido distraídos temporalmente por una miríada de estrategias que las Fuerzas Oscuras promueven.

Honrando a Amón Ra y a Tu Alma

Es de vital importancia hoy en día para todos nosotros reestablecer contacto con el Dios Sol de nuestro sistema solar, Amón Ra, ya que el "Dios Interno" o "Yo Soy" del cual hablamos constantemente emana de Él. De igual importancia es su contraparte femenina, Vesta. Juntos representan el equilibrio perfecto entre las características femeninas y masculinas que rigen nuestro sistema solar y lo cual la tierra, emula en el fondo.

El máximo creador del universo, al cual se refiere a menudo la Sabiduría Antigua como Brahma es demasiado grande de concebir para nuestras débiles mentes.[24] Tan grande es el universo de Su creación que se dice que hay quince billones de sistemas solares (15,000,000,000,000) cada uno con su sol central, ¡una gran alma como nuestro Dios Sol, Amón Ra!

Así, durante las vicisitudes de nuestras vidas aquí en el planeta tierra nos regocijamos de que tengamos tan directamente a un Dios representante como Amón Ra, tanto así que nos despertamos cada mañana para ver y sentir el gran calor del Sol que

---

[24] Hay algunos que dicen actualmente estar en contacto directo con el Gran Brahma. Estos desdichados sufren de grandes delirios principalmente a cargo de sus propios egos. Tal comunicación directa inmediatamente aniquilaría al peticionario ya que el poder de Brahma es como ningún otro.

representa la presencia de Su cuerpo físico manifestado.

Durante la mayoría de la primera mitad de la Cuarta Ronda, la mayoría de las civilizaciones antiguas adoraban al Dios Sol como un hecho. El testamento de su culto puede ser encontrado por todo el mundo, en los templos, pirámides, e íconos. El culto al gran Dios Sol fue gradualmente ridiculizado por la existencia a favor de otras imágenes evocadas emanando de religiones humanas para justificar las conexiones que su clero tenía con Dios.

La civilización moderna, especialmente la Quinta Raza Raíz ha considerado oportuno reemplazar al Sol por la ciencia y el pensamiento racional a pesar de los amaneceres y puestas de sol diarias que son tan obvias para nuestros sentidos. Incluso la ciencia más elemental concluye necesariamente que sin el Sol, no habría vida en la tierra. Por tanto, este reconocimiento fundamental de Amón Ra como la fuente de la vida misma para todo en la tierra debe volver a la conciencia general de la humanidad como una condición previa para entrar en la Nueva Era.

El Origen del "Dios Interno"

La verdad, "Nosotros somos los hijos e hijas de Dios" debe ser honrada otra vez en la Nueva Era. El Sol, Amón Ra, emite miles de millones de rayos, y cada rayo lleva todas las características y la sustancia del Sol, así como una gota de agua del mar lleva todas las propiedades del océano. Este rayo o chispa del Sol es llamado una mónada y cada rayo fluye a través del vasto espacio del sistema solar y se aloja en todos y cada uno de nosotros como la línea de la vida que nos conecta directamente a Amón Ra y a la vida misma.

Cap 6 Navegando a Través de la Agitación

En el mundo físico, todo depende del Sol físico, pues sin él toda la vida en la tierra cesaría. Esta es la analogía externa que contrasta con la organización interna del mundo. En el mundo interno, cada mónada pasa a través de las partes más finas y más espirituales de nuestro ser y recorre su camino hacia abajo a través de nuestros cuerpos mental, astral, etérico y finalmente el físico. En el camino hacia abajo, este rayo único o mónada encarna como el alma en la elevada materia mental-espiritual-búdica de nuestros cuerpos.

> ... desde la mónada "mineral" hasta el momento cuando esta mónada florece por medio de la evolución en la MÓNADA DIVINA... sigue siendo una y la misma Mónada, difiriendo sólo en sus encarnaciones, a lo largo de sus siempre sucesivos ciclos de parcial o total obscuridad de espíritu, o la parcial o total obscuridad de la materia—dos antítesis polares—ya que se asciende hacia los reinos de la espiritualidad mental, o se desciende hacia las profundidades de la materialidad.[25]

Entonces el alma extiende sus energías hacia las vibraciones densas de la materia que forman los cuerpos etérico y físico. Finalmente, en el cuerpo físico, el alma establece un punto de apoyo en la glándula pineal en el centro del cerebro.[26] Desde la glándula pineal, el alma mantiene la conexión entre el cuerpo físico y la mónada, y reina como el "Dios Interno". De este modo, la conexión desde la glándula pineal en el cerebro por todo el camino hasta Amón

---

[25] Blavatsky, H.P. op. cit., v.1, pág. 175
[26] Muchos expertos de la Nueva Era sitúan erróneamente el punto de apoyo del alma en el corazón.

Ra, el Sol; permanece intacta, eterna e inviolable, un milagro en sí mismo.

Podemos decir entonces, que el alma es la primera encarnación de la mónada y es individualizada en materia de alta vibración que es invisible para los sentidos del cuerpo físico, sin embargo envía impulsos hacia abajo, a las mentes consciente y subconsciente del cuerpo físico. Estos impulsos se manifiestan físicamente en la forma de conocimiento, formas de pensamiento e intuición.

Esto es lo que el Maestro Jesús quiso decir cuando declaró: "Vosotros sois el templo de Dios". Nuestros cuerpos físicos encierran algo maravilloso: "el Dios Interno" en la glándula pineal del cerebro, el prelado privado en tu sagrado templo privado.

El Objetivo de los Próximos Cincuenta Años

El objetivo de los próximos cincuenta años es que la humanidad logre contacto consciente con el alma y eso permitirá su expresión a través de nuestros vehículos físicos. Esta expresión se traducirá necesariamente en tu plan y misión individual.

Los impulsos o intuiciones que se reciben del alma son racionales y esclarecedores, no inducidos emocionalmente. Recibir un impulso del alma es como un bombillo de luz encendiéndose en tu cabeza, y el conocimiento que transmite es algo que solamente se sabe. Este instante, mas sin embargo sustancioso ejemplo de iluminación, es lo que te da ese momento de suprema satisfacción y el sentimiento de amor elevado. Es dulce y maravilloso, pero no emocional.

No te dejes engañar por psíquicos fraudulentos y charlatanes o incluso por bien intencionados médiums que afirman leer tu propósito del alma. Si tú no puedes comunicarte con tu propia alma, ¿Cómo podrían hacerlo estos extraños? Es simplemente lógico. Lo que se requiere es que tomes una decisión consciente para realizar el viaje hacia tu mundo interno a través de la meditación y encontrar por ti mismo lo que esta parte individualizada del gran Dios Sol, Amón Ra, conoce de tu plan divino individual.

Sería razonable pensar que si establecieras contacto con tu alma y le permitieras expresarse a sí misma a través de tu personalidad física, tendrías al Dios de nuestro sistema solar de tu lado a lo largo de la agitación y la conmoción de la transición hacia la Nueva Era. ¿Qué más podrías pedir y que más podrías querer?

Controla Tu Mente—El Primer Paso

Por muchas décadas las Fuerzas Oscuras han perfeccionado las técnicas de control mental y manipulación. Los regímenes comunistas posteriores a la Segunda Guerra Mundial experimentaron y utilizaron técnicas alucinantes que incluían propaganda masiva a través de todos los medios conocidos de comunicación, manipulación y control mental, presión de grupo y tortura, adoctrinamiento alucinante, drogas y los altavoces públicos omniscientes que adoctrinaban a la gente desde el momento en que despertaban hasta que podían escaparse hacia dentro de sus sueños. El tiro de gracia de este control fue racionar la cantidad de alimentos que una persona podría comer por medio de los cupones de racionamiento y determinar sus trabajos.

Hoy en día, como las Fuerzas Oscuras están acorraladas, no es de sorprenderse ver técnicas alucinantes más sofisticadas siendo utilizadas en el así llamado mundo democrático "libre".

Los medios de comunicación no dicen la verdad sino que contaminan los hechos contando lo que quieren que los lectores crean de acuerdo con la vasta convivencia gubernamental con las Fuerzas Oscuras. Ellos saben cómo manipular la parte más vulnerable de nuestros cuerpos actualmente, el cuerpo astral o emocional; y las técnicas de propaganda están dirigidas al cuerpo emocional/astral para crear temor y estremecimiento, horror, obsesiones sexuales, ansiedades, aversión, racismo, e incluso falsas esperanzas---lo que sea trabaja para mantener a la gente fuera de sí, mudos y divididos en la sociedad humana. Esto es a lo que debemos hacer frente hoy en día.

El Internet, la invención del Maestro Saint Germain, ha proporcionado unos excelentes medios para romper la hegemonía de los medios de comunicación; sin embargo las Fuerzas Oscuras están también aumentando sus esfuerzos para controlar esta fuente de información. Como más y más periódicos y otras formas de medios tradicionales de comunicación se desmoronan en la crisis financiera mundial, estos medios están recurriendo a Internet como su principal canal de distribución. Así que hay un creciente peligro de un exceso de información siendo centralizada en Internet lo cual podría convertirse en otra herramienta de manipulación de la mente. De todas las millones de historias que un periódico podría imprimir diariamente, podemos notar que los principales periódicos del mundo parecen reportar las mismas noticias de igual forma.

Cap 6 Navegando a Través de la Agitación

Los eventos recientes han demostrado como los países pueden controlar la información que pasa a través de Internet y es evidente que el monopolio de las Fuerzas Oscuras de los sistemas operativos para computadoras les permite obtener control de esta herramienta de libertad.

Mantenerse al día con los acontecimientos es un reto debido a este monopolio de la información. Pero incluso la propaganda necesita algunos hechos sobre los cuales construir una historia. Y con otras nuevas tecnologías de las comunicaciones individuales, es muy difícil ocultar acontecimientos evidentes tales como disturbios por alimentos, revueltas en contra de los impuestos, golpes de estado, revoluciones, etc. No obstante, incluso la elección de hechos y cómo los utilizan los medios de comunicación para construir una historia puede ser usado para retocar las noticias, crear falsas impresiones, y jugar con las emociones de manera que dirija tu pensamiento en una cierta forma. El portador de luz debe filtrarse por este laberinto de información y discernir lo que es verdad de lo que es mentira. Las cosas empeorarán antes de que el golpe final caiga sobre las Fuerzas Oscuras, y la humanidad sea libre de su régimen. Los portadores de luz no pueden sucumbir a estas tácticas sino que deben aprender a navegar a través de esta agitación para sobrevivir intactos. Si no, no podrán realizar lo que vinieron a hacer, que es reconstruir la sociedad para la Nueva Era.

Navegar a nuestra manera a través de este duro periodo de turbulencia será un desafío, pero hay algunas formas sorprendentemente simples que la Sabiduría Antigua nos brinda para que podamos retomar nuestro camino a través de la manipulación de la mente y mantener nuestra independencia y nuestro libre albedrío dado por Dios. Como dijimos anteriormente, con el Dios de nuestro Sistema Solar, Amón Ra, de nuestro lado, ¿qué más podemos pedir?

Protegiéndote de la Manipulación Emocional de las Masas

Una famosa estrella pop o figura política muere repentinamente y su funeral masivo es televisado por todo el mundo. Las estrellas de los medios derraman lágrimas en el escenario y cantan para una audiencia mundial que está sumida en un vórtice de tristeza, pérdida, arrepentimiento, y nostalgia mientras la orquesta toca melodías que llegan a tu corazón. Las audiencias de televisión en los lugares más remotos del mundo se ponen a llorar en sus salas de estar. En otro ejemplo, las rondas finales de las Copas Mundiales de juegos se apoderan del mundo, transmitiendo conflicto, altas emociones combativas, odio, división, separación, resultando en algunos casos en saqueos, vandalismo e incluso la muerte. En otro caso, un famoso gurú hindú hace una aparición en un parque público enorme, su esposa adornada con joyas de oro se sienta a su lado en un escenario dorado. Como ovejas, multitudes rodean el escenario alrededor de él cantando, marchando y alimentándose de cada una de sus preciosas palabras. Lágrimas de devoción fluyen de sus ojos mientras sus emociones toman el control y sucumben a las palabras del gurú... y ellos voluntariamente abren sus carteras como muestra de gratitud. Todos estos ejemplos proporcionan alimento a las entidades del plano astral para darse un festín, y proporcionan oportunidades para la manipulación mental mientras las emociones anulan un pensamiento claro.

Los medios de comunicación exponen en cada hogar masivos eventos emocionales por medio de la televisión. Deberíamos sospechar de cualquier tipo de evento, debido a que requieren las enormes sumas de la organización y el respaldo financiero que sólo las Fuerzas Oscuras tienen actualmente. La única manera de atraer enormes audiencias mundiales es hacer presa al cuerpo emocional a través de manipulación astral con el "anzuelo emocional". Observando más a fondo, vemos que el propósito verdadero de estos eventos es anclar más a la humanidad al mundo material denso a través del cuerpo astral o emocional de la persona.

La regla de oro para un portador de luz es dirigirse en la dirección opuesta de los eventos y reuniones masivas. Mientras las multitudes corren en una dirección, el portador de luz debería moverse en la dirección opuesta o simplemente apagar la televisión o computadora que le transmite el evento. Las emociones en masa no tienen razón de ser excepto manipular a la humanidad para propósitos más insidiosos. Si te sientes atraído en la misma dirección que las masas, entonces estás sucumbiendo a la manipulación mental. Esta regla se aplica no sólo a las concentraciones masivas sino también a las tendencias masivas de la moda, lo último en moda o la última y más popular moda del momento.

Durante todo este largo y tumultuoso período, los portadores de luz deben desarrollar y mantener la independencia de pensamiento y la habilidad de ir en contra de la onda popular mientras el resto del mundo está en pánico. Es por ello que el control de la mente es de suma importancia.

Tomando el Control de tu Mente

La información que esta llegando a tu vida a través de la televisión, radio, los ruidos de fondo y el Internet es relativamente fácil de desconectar, siempre y cuando no tengas una dependencia psicológica de ellas. Recuperar el control de tu mente de la miríada de distracciones a tu alrededor te dará el timón que necesitarás para navegar a través del mar de caos en los próximos años.

Desarrollando la Habilidad de Concentración

Como los estabilizadores de un buque navegando a través de una tempestad, la habilidad de concentración es el paso para recuperar el control sobre tu mente y la clave para sobrevivir a la agitación que se avecina. Mientras la aceleración continúa excavando en cada rincón de la vida, los trastornos seguirán golpeando en todos los niveles de la sociedad. Ni una sola persona escapará de los cambios producidos por la aceleración.

Mientras la vida se desarrolla diariamente hay incontables distracciones que se graban en tu mente consciente haciéndola revolotear de distracción en distracción. Tareas y deberes que acechan y permanecen sin finalizar. Te vuelves olvidadizo. Tal vez bajas las escaleras por una razón y no puedes recordar cuál era. Te propones hacer algo y minutos después terminas haciendo otra cosa. Saltas de proyecto en proyecto y realmente nunca terminas ninguno de ellos.

Estas distracciones son a menudo producidas astralmente cuando tu cuerpo astral o emocional se cruza con las ondas generales que destellan por el plano astral. Cuando le ocurre a portadores de luz, que son frecuentemente blancos de las Fuerzas Oscuras, estas distracciones se vuelven intentos más deliberados para desviarte del rumbo por el día o incluso por el resto de tu vida. Los que tienen inclinación psíquica, así como una gran cantidad de portadores de luz, están especialmente propensos a este tipo de manipulación astral. Por tanto, la habilidad de controlar la siempre inquieta mente consciente es una gran necesidad hoy en día a fin de contrarrestar la confusión mental y la actividad desenfocada durante las horas de vigilia. Además, una mente que se distrae con facilidad con frecuencia conduce a graves problemas como la depresión, la adicción, y una serie de enfermedades psicosomáticas.

A continuación se recomiendan tres formas simples que puedes adoptar para ayudarte a edificar tu habilidad de concentración.

1. Las Siete Inhalaciones y Exhalaciones

Se recomienda un ejercicio muy útil que los Budistas Tibetanos neófitos utilizan para controlar la mente consciente. Esta técnica es útil para recuperar tu habilidad de concentración, un primer paso en controlar tu mente consciente. Consiste simplemente en inhalar y exhalar siete veces sin perder la concentración. Cuando domines esta técnica, tendrás tu mente consciente bajo TU control y desde ahí, serás capaz de beneficiarte de formas más profundas de meditación.

1. Encuentra un lugar tranquilo en tu hogar en donde puedas estar sin ser interrumpido.

2. Siéntate en silencio por un par de minutos y toma un par de respiraciones profundas para calmar tu cuerpo.

3. Dite a ti mismo que ahora vas a tomar siete inhalaciones y exhalaciones profundas sin permitirle a tu mente que divague.

4. Concéntrate únicamente en tu respiración, en cómo el aire entra y sale, y en nada más.

5. Toma la primera inhalación profunda. Exhala. Concéntrate en esa inhalación y su exhalación.

6. Toma la segunda inhalación profunda y exhala. Es probable que tu mente ya haya saltado a otro tema. Sino es así, continúa con la tercera, luego la cuarta hasta llegar a la séptima.

7. Siempre que tu mente revolotee durante este ejercicio, para y vuelve a la primera inhalación ¡comenzando todo de nuevo! Es posible que te sorprendas al descubrir que tu mente comienza a revolotear incluso después de la primera respiración. ¡Lograr pasar de la tercera respiración sin que la mente revolotee ya es un logro y estás casi a la mitad del camino!

Sé honesto contigo mismo cuando te des cuenta de que tu mente ha roto la concentración y vuelve a la primera respiración. Contrólala como si fuera un caballo salvaje y trata de finalizar las siete inhalaciones y exhalaciones sin perder un mini-segundo de tu concentración.

Al principio, estarás sorprendido de cuan independiente y salvaje es tu mente consciente de tu control deseado. Esto debería indicarte que tu mente necesita estar bajo TU control en lugar de ser sujeto de las múltiples distracciones en tu vida, siendo por tanto sujeto de la manipulación de las Fuerzas Oscuras. Pero no te sientas agobiado por la aparente falta de cooperación de la mente en un principio. Mantén una actitud alegre y no te desanimes tan pronto porque si persistes tus esfuerzos seguramente darán frutos, y lograrás llegar al final de la séptima respiración con total control.

Haz este ejercicio al menos una vez al día, y si es posible más veces. Hazlo cuando estás esperando a alguien o cuando tengas una pausa en tu vida cotidiana: incluso cuando estés atascado en el tráfico o cuando estés esperando en el consultorio de un dentista etc.

Cuando adquieras más y más control sobre tu mente, deberías comenzar a tener cambios positivos en tu vida y saber cómo tratar las crisis que surjan en la familia o el trabajo. Por otra parte, sabrás que has dado un paso importante en tener el dominio sobre tu mente consciente y tu vida en la tierra.

2. Meditación del Pensamiento Semilla

Después de haber conquistado con éxito las siete inhalaciones y exhalaciones y tener un mejor control de tu mente consciente, puedes pasar a una meditación del pensamiento semilla.

1. Elije un pensamiento que te gustaría meditar, por ejemplo tu servicio divino, misión en la vida, el dinero, un desafío de negocios, un problema en alguna relación o cualquier pensamiento que parezca preocuparte en el momento. Elige sólo un

pensamiento para meditar. Si te sientes emocional sobre el pensamiento semilla, trata de calmar las emociones lo mejor que puedas.

2. Siéntate en tu lugar tranquilo y completa las siete inhalaciones y exhalaciones como preparación para tu meditación del pensamiento semilla. En este momento tu mente consciente debería estar controlada para esta meditación.

3. Ahora, concéntrate en esta idea semilla, poniendo toda tu concentración en ella. Es posible que necesites visualizar la palabra que representa al pensamiento, es decir "misión" o "dinero". No permitas que tus emociones nublen el asunto, sólo concéntrate en el pensamiento.

4. Cuando estás concentrado en la palabra o la idea, puedes descomponerla y analizarla o puedes solamente concentrarte en ella hasta que se descomponga por sí misma y la veas más profundamente. Ahora estarás ingresando en la esencia de la forma de pensamiento detrás del problema.

5. Examina profundamente adentro de la forma de pensamiento con el mismo enfoque y concentración.

6. Mientras examinas profundamente, el pensamiento debería producir su propia solución o manifestar una resolución en tu vida. Muchos de los problemas de la vida pueden ser resueltos de esta manera, especialmente aquellos que parezcan sin solución durante este período tumultuoso.

3. Practicar el Yoga

El arte y ciencia del yoga debe haber sido inventado para estos días tumultuosos, pues sigue siendo una de las mejores ayudas para obtener el control de la mente y cuerpo después de tantos siglos. Muchos hombres en Occidente, por alguna extraña razón, piensan que la práctica del yoga es una "cosa de mujeres". ¿Podría ser que simplemente ellos no quieren que se les caiga el rostro cuando descubran cuan duros y rígidos están sus cuerpos físicos? Si los hombres rechazan la práctica del yoga por la razón que sea, se están perdiendo de una de las más beneficiosas ciencias de control mental que están disponibles.

¿Cuál sistema de yoga deberías practicar? En la mayoría de estudios de yoga en Occidente, su práctica ha llegado a significar una especie de calistenia física con una meditación rápida sólo de dientes hacia fuera después de una serie de sudorosos ejercicios o asanas. Las variaciones del aspecto físico del yoga incluso se han establecido como una práctica casi masoquista, como el bombeo de la temperatura ambiente para hacerte sudar profusamente mientras estás haciendo las poses.

En realidad los asanas son sólo una parte de todo el significado del yoga, el cual es la UNIÓN, y son practicados en combinación con la dieta, la meditación y la disciplina mental para ayudar al buscador a unificar todos los cuerpos que están operando en el plano terrestre—el físico, etérico, astral, mental y espiritual. Si esto es logrado, tal unión permite al alma brillar y expresarse a sí misma a través de todos los cuerpos, especialmente a través del físico. Esto no es mejor explicado que en los sagrados sutras de Patanjali del Raja Yoga, el Rey de los Yogas, la forma preferible y recomendada de yoga para esta era, ya que contiene todos los sistemas anteriores de Yogas.

Esto es lo que el Maestro Djwal Khul dice de las diversas prácticas de yoga:

> Todos los diversos Yogas han tenido su lugar en el desenvolvimiento del ser humano. En la primera raza puramente física, la cual es llamada Lemuriana, el yoga impuesto sobre esa naciente humanidad fue el Hatha Yoga, el Yoga del cuerpo físico, ese Yoga que provoca el uso consciente y la manipulación de los diversos órganos, músculos y partes de la estructura física. El problema delante de los adeptos de ese tiempo fue enseñar a los seres humanos, quienes entonces estaban en un estado un poco más que animales, el propósito, el significado y el uso de sus diversos órganos, de modo que pudieran controlarlos conscientemente, y al significado del símbolo de la figura humana. Por lo tanto, en aquellos tempranos días, mediante la práctica del Hatha Yoga, el ser humano alcanzó el portal de la iniciación. En ese tiempo la realización de la tercera iniciación, resulto en la transfiguración de la personalidad, fue la iniciación más alta que el hombre fue capaz de lograr.
>
> En los días de la Atlántida, el progreso de los hijos de los hombres se adquirió mediante la imposición de dos Yogas. Primero, el Yoga que es llamado por el nombre de Laya Yoga, el Yoga de los centros, el cual producía una estabilización del cuerpo etérico y de los centros en el hombre, así como el desarrollo de la naturaleza astral y psíquica. Más tarde, el Bhakti Yoga, surgiendo

del desarrollo del cuerpo emocional o astral, fue incorporado con el Laya Yoga y el fundamento de ese misticismo y devoción, que ha sido el incentivo subyacente durante nuestra particular raza raíz Aria, fue colocado. El objetivo de ese tiempo era la cuarta iniciación. El tema de estas iniciaciones ha sido discutido más a fondo en mi libro anterior, "Iniciación Humana y Solar".

Ahora, en la raza Aria, el sometimiento del cuerpo mental y el control de la mente se logran por medio de la práctica del Raja Yoga, y la quinta iniciación, la de adepto, es la meta para la humanidad en evolución. De este modo, todos los Yogas han tenido su lugar y han servido para un propósito útil, y se volverá evidente que cualquier retorno a las prácticas del Hatha Yoga o de aquellas prácticas que traten específicamente con el desarrollo de los centros, provocado por los diversos tipos de prácticas de meditación y ejercicios de respiración es, desde un cierto modo, un retroceso. Se encontrará que por medio de la práctica del Raja Yoga, y a través de asumir ese punto de control direccional, en el cual se encuentra el hombre que centra su conciencia en el alma, las otras formas de Yoga son innecesarias; pues el más grande Yoga automáticamente incluye a todos los menores en sus resultados, aunque no en sus prácticas.[27]

Una lectura muy recomendada es *El Arte y la Ciencia del Raja Yoga* de Swami Kriyananda (J. Donald Walters) basada en las enseñanzas de Paramhansa Yogananda.

---

[27] Alice A. Bailey, *La Luz del Alma*, Los Yoga Sutras de Patanjali, Nueva York: Lucis Publishing Co., 1997, pp, x-xi.

Manejo de la Posesión de Entidades

Tu cuerpo astral o emocional responde al plano astral total de la tierra y cuando la aceleración se incrementa y pasa a través del plano astral, irrita y agita a dicho plano así como también a tu cuerpo emocional. La mente es la forma principal de controlar tu cuerpo astral. Si no puedes controlar tu mente consciente, tu cuerpo astral o emocional oscilará con la agitación en el plano astral y te sentirás de arriba hacia abajo mientras las olas de agitación se muevan barriendo el plano astral. Sin saber por qué tu estado de ánimo cambia de hora en hora, día a día, puedes sentir que has perdido el control de ti mismo. Así es la vida bajo el régimen del cuerpo emocional.

Los caparazones astrales sin alma y las entidades que habitan el plano astral están en grave peligro de ser eliminadas por la aceleración. Están luchando por sobrevivir, y su fuente alternativa de energía para salvarse a sí mismos del deterioro puedes ser TÚ. Ellos se aferran a la gente con el fin de extraer energía pránica del cuerpo etérico de la persona. Pueden tomar tu cuerpo y causar comportamientos obsesivos e insanos, adicción al alcohol, a las drogas y el sexo, depresión, insomnio, pesadillas, fatiga, etc. Esto es llamado posesión de entidades, y más y más personas están cayendo víctimas de ello durante este periodo.

Los portadores de luz son un blanco especial de la posesión de entidades porque tienden a ser más abiertos a nivel del plexo solar por la necesidad de comunicarse con las otras dimensiones. Las encarnaciones entrantes de la Sexta Raza Raíz también están muy propensas a la posesión de entidades debido a que sus vehículos corporales están más abiertos a recibir impulsos de las dimensiones superiores. Sin embargo, mientras las cosas continúan acelerándose, se vuelve más obvio que la población general como un todo puede también estar en riesgo, como se ha visto con la creciente locura en la sociedad.

Dependiendo de cuan abierta sea la persona al plano astral, así la posesión de entidades puede comenzar a una edad temprana y durar por mucho tiempo. O la posesión puede ser temporal siendo un episodio casual. En el caso de los portadores de luz, la posesión de entidades es más deliberada, siendo propiciada por las Fuerzas Oscuras que eligen como blanco a los portadores de luz entrando en encarnación a fin de inutilizarlos o sacarlos de sus misiones espirituales.

Hay tres formas que se recomiendan para desposeerse a si mismo de los lazos con las entidades.

1. El Sonido de Om y del Doble Om

Las entidades astrales pueden zumbar a tu alrededor como moscas, sugiriendo sentimientos, ideas y acciones que van en contra de tu misión. Estas entidades saben cómo calibrar estos pensamientos para hacerte creer que son tuyos. Además, si encuentran una víctima disponible, ellos pueden inclusive adherírsele. Hay tres pasos para librarse de la perturbación de entidades:

1. Cuando seas consciente que algo está rondando a tu alrededor, resuena el sonido de OM en voz alta o en silencio y la mayoría de las veces, se retirarán. Al hacer resonar el OM evocas a tu alma para que manifieste energías que son

demasiado elevadas y puras para que estas entidades las resistan. Se irán porque son incompatibles con las energías que el alma estará emitiendo a través de ti.

2. Algunas veces a pesar del OM, estas entidades se las arreglarán para adherirse a ti y continuar perturbándote. En este caso, puedes hacer resonar el doble OM. Esencialmente, haz resonar el OM en voz alta o en silencio. Mientras estás haciendo esto, visualiza la bola de luz que representa a tu alma que reside en la glándula pineal de tu cerebro. Pídele al sonido del OM que esté junto a ti desde ahí. El resultado será que tu alma y tu personalidad resonarán el OM al mismo tiempo. Pero debes estar en el proceso de la búsqueda del contacto con tu alma para ser capaz de lograr esto. (Ver Capítulo 7)

3. Aún resonando el OM en voz alta, visualiza las energías del OM procedentes de tu alma limpiando tus cuerpos etérico, astral, y mental. Las entidades astrales deberían dispersarse.

2. Invocar la Protección de la Jerarquía Espiritual

Los Maestros de Sabiduría y el reino Angélico están listos para ayudar a todos aquellos que invoquen su guía y protección. Debido a su eterno respeto por la ley cósmica del Libre Albedrío, debes invocar su protección.

A continuación hay una invocación que te puede ayudar a librarte de estas adherencias a través de la intervención divina.

Cap 6 Navegando a Través de la Agitación

Invocación para Protección

Amados Ángeles de Dios,
Amados Maestros de Sabiduría, Paz y Amor,
Amadas Maestras del Cielo,
Amado Hermano Mayor, Jesús el Cristo,
Amado y poderoso Saint Germain,
Amados Padre y Madre Celestial
Que están en el cielo como en la tierra,
Venimos ante Ustedes
Pidiendo su ayuda celestial
En todas las cosas que hacemos.

Pedimos su santa protección siempre
Para que el trabajo que pretendemos hacer en este mundo
No sea perturbado o retrasado en modo alguno,
Sino que sea realizado con
La más grande facilidad, paz, y bendiciones.

Estamos agradecidos por todo el Bien
Que por Su Gracia hemos sido capaces de hacer hasta ahora.
Y por tanto venimos pidiendo más protección
En todo momento y en todas las situaciones
De modo que podamos continuar sirviendo a la Voluntad de Dios.

Les rogamos protección día y noche

Alrededor de nuestros hogares y de los lugares en los que trabajamos, comemos, y jugamos.
Les rogamos una firme protección
Alrededor de nuestros seres queridos en cada momento,
Así como también, que ellos nunca puedan ser utilizados
Como peones o herramientas de la oscuridad
La cual es sólo la ignorancia del Amor de Dios.

Manténgannos siempre dentro de la Luz más brillante.
Manténgannos inmunes a la influencia negativa
De los planetas, las personas, o los espíritus.
Manténgannos felices y viendo la Verdad en cada situación,
Y libres de juicios en contra de nuestros hermanos.
Y manténgannos siempre alerta de peligros potenciales
Provenientes de cualquier fuente,
Sea que esté a la vista o esté oculta,
Sea conocida o desconocida,
Encarnada o desencadenada.

Y que podamos siempre tener una vía
De escape de un peligro o una desgracia
Cuando sea necesario.

Permítannos ser verdaderos instrumentos de la Divinidad,
Viendo claramente cuál sería
La mejor forma de proceder, si fuese necesario,
En cada situación que veamos.

Digan palabras sabias
Y aconsejen a nuestros oídos atentos
Y velen que siempre estemos rodeados

Cap 6 Navegando a Través de la Agitación

Por ángeles de luz, protección, sabiduría y amor.

Permítannos reflejar verdaderamente
La Presencia de Dios
En la tierra como es en el Cielo.

Velen porque nuestras vidas estén siempre
Llenas de risa, alegría, y amor.
Y que podamos estar facultados para llevar
Estas mismas bendiciones hacia las vidas de

Todos aquellos con los que nos pongamos en contacto.
Que ocurran sanaciones en nuestra presencia
Y milagros también.

Señor Miguel por delante, Señor Miguel por detrás
Señor Miguel a la derecha, Señor Miguel a la izquierda
Señor Miguel por encima, Señor Miguel por debajo
Señor Miguel, Señor Miguel por donde quiera que vaya.
¡YO SOY su amor protegiendo aquí!
¡YO SOY su amor protegiendo aquí!
¡YO SOY su amor protegiendo aquí![28]

3. Solicita Ayuda para Sanación Telepática

Si la posesión de entidades se ha estado presentando en tu persona durante algún tiempo y estás recién descubriendo que tus síntomas físicos de, por ejemplo, depresión u obsesión, pueden ser debidos a esta adherencia, es posible que no te sientas lo suficientemente fuerte para desalojarlas mediante

---

[28] A través del médium en trance Arthur Pacheco.

el sonido del OM. Sanadores telepáticos capacitados de la Fundación Sanctus Germanus están disponibles para ayudar a despojarte de estas entidades sin recargo alguno.

Tan sólo contacta a:
telepathichealing@sanctusgermanus.net

Crear un Refugio de la Distracción

El ruido y las distracciones son las herramientas más efectivas que las Fuerzas Oscuras tienen para impedirte pensar. Para ayudarte a obtener el control sobre tu mente debes tratar, de la mejor manera posible, de crear un ambiente reflexivo y contemplativo a tu alrededor. Si vives con otros familiares que no comparten tus esfuerzos espirituales, intenta establecer una esquina en tu casa que sea sagrada sólo para ti y a donde puedas acudir con el fin de centrarte en ti mismo y recuperar el control sobre tu mente. Si trabajas en una oficina bulliciosa, encuentra un lugar en el edificio a dónde puedas acudir con el fin de regalarte unos momentos de silencio y contemplación durante el día. Si tienes una puerta en tu oficina, ciérrala de vez en cuando y siéntate en silencio. Si estás atascado en el tráfico, utiliza ese precioso tiempo a solas en el auto para recuperar tu concentración y céntrate. En otras palabras, reconoce y aprovecha cada oportunidad para estar solo y aplicar el ejercicio de respiración 7/7 o la meditación del Pensamiento Semilla para recuperar el control sobre tu mente.

Apreciar el Silencio

Si vives en un entorno urbano como la mayoría de la gente, hay ruidos artificiales contraponiéndose a los ruidos de la naturaleza por todos lados. Esto es inevitable en áreas de población densa. Pero hay también un factor de manipulación en parte de este ruido, no desde el ruido del tráfico o el ruido común de la calle, sino del ruido o música que alguien ha elegido tocar para ti.

Música de Fondo

Donde sea que se va en estos días hay música de fondo siendo llevada a nuestros oídos y luego hacia nuestra mente subconsciente. Mientras la aceleración incrementa, esta música de fondo parece volverse más apremiante, obscena y violenta, en consonancia con la música que suena en las estaciones de radio de música pop. En centros comerciales, restaurantes, supermercados, trenes, aviones, aeropuertos y otros espacios públicos en donde se reúne la gente, esta música está siendo bombeada hacia el cerebro y sus mensajes insidiosos registrados subconscientemente. Si se escucha más de cerca y se analiza con lo que la música de fondo alimenta a la mente subconsciente, estarías estupefacto. Descubriríamos una serie de emociones transmitidas en la música tales como nostalgia, ira, violencia, sexo, conflictos de género, infidelidad conyugal, traiciones, promesas y contratos rotos—todas transmitidas en un repetitivo y bajo nivel de acordes o ritmos destinados a estimular los chakras inferiores y sujetar al ser humano a las emociones y acciones bestiales inferiores.

Una de las técnicas de manipulación mental es la repetición. La mente subconsciente responde a la repetición y si escuchas las "letras" en la música pop de hoy notarás que hay poca lógica, ingenio o valor poético. En su lugar hay una o dos frases que se repiten una y otra vez a un ritmo repetitivo. Observa cuantas personas sentadas en un café leyendo, charlando o trabajando en una computadora portátil, mueven sus cabezas al ritmo de la música de fondo. Ellos desafortunadamente han sido arrastrados por la magnética repetición y el ritmo de la música, y es muy probable que sus mentes subconscientes hayan absorbido las formas de pensamiento negativas y sin sentido que se manifestarán alguna vez en el futuro en las acciones o emociones correspondientes.

Esta no es música de fondo inocente, sino mensajes que han sido elegidos para transmitir y reforzar cierta base de las características de la personalidad humana sobre la mente subconsciente, con el mensaje principal "Esto es lo que eres, y esto es en donde te quedarás".

Otra música está destinada a darte una momentánea emoción de "sentirte bien" para hacerte comprar más productos en las tiendas, mientras que cierta música de moda está diseñada para hacerte sentir moderno y comprar lo último en moda. Todo se reduce a la manipulación de la base mental, y si eres una de las víctimas de la exposición prolongada a los rayos "induce ovejas" de la televisión, serás presa fácil de estas formas de manipulación mental. Si eres fácilmente manipulado por el uso comercial de la música de fondo, también eres una víctima fácil de la manipulación política.

Trasfondo de la Radio

A diferencia de la música de fondo en los centros comerciales, el ruido de las radios es una elección. Tú puedes encenderla o apagarla. La escucha activa de programas de elección es una cosa, para que tu mente consciente activamente separe las mentiras de la verdad. Sin embargo, si te quedas dormido o estas ocupado trabajando en algo, entonces la radio se transforma en ruido de fondo infiltrándose en tu mente subconsciente sin ningún filtro consciente. La radio en el fondo comienza a jugar el mismo papel de la manipulación mental inconsciente. Apaga la radio cuando no estás concentrado en el contenido del programa ni escuchando activamente.

Apagar la Televisión

Si hubiera una cosa simple y positiva que pudieras hacer por ti mismo para ayudarte a sobrevivir la agitación actual, eso sería desconectar la televisión y echarla a la basura. La televisión incrementa las emociones a través del sonido, rompe tus defensas de pensamiento y causa que tu mente sea menos perspicaz. Además, reforzada por la programación deliberada, estimula tu cuerpo astral emocional y te hace susceptible a las agitadas ondas astrales en el plano astral que rigen el rumbo de la conciencia de las masas del mundo.

La Jerarquía Espiritual ya nos ha advertido que los rayos electrónicos que emanan de la pantalla de la televisión adormecen el cerebro, haciendo casi imposible el discernimiento. Hemos señalado esta dura realidad en el Volumen 1, y como millones se han convertido en ovejas mirando la televisión. Para conservar la independencia mental, se debe romper cualquier dependencia en la televisión. La televisión no es tu amiga y no debería ser utilizada para cubrir tu sensación de soledad, aislamiento o aburrimiento. En lugar de entretenerte, te esclaviza mentalmente.

Sin la televisión repitiendo incansablemente emociones y pánico preprogramados, tus capacidades mentales son más capaces de discernir y evaluar la información difundida a través de los medios, incluyendo el Internet. La mente perspicaz puede distinguir entre las mentiras y los pedacitos de verdad filtrándose a través de las mentiras y puede ser utilizada para tomar acciones racionales cuando los tiempos de verdadera crisis toquen a la puerta.

Mantenerse al día con los Acontecimientos Locales y Mundiales

Aislarse de los acontecimientos mundiales y descansar en la ignorancia de los eventos del mundo no es una opción para el portador de luz. Lo que se necesita es desarrollar la capacidad de reinterpretar las noticias viendo a través de la manipulación a fin de discernir la verdad de las mentiras. Mantente al día con las noticias leyendo revistas y periódicos de renombre o sitios de noticias en Internet. El Internet da la opción de cuando y que leer, para mantenerse informado. Así que encuentra un equilibrio entre mantenerte informado sobre los acontecimientos a tu alrededor y protegerte de la manipulación mental de las masas que te alejaría de tu equilibrio.

Si se medita regularmente y se está trabajando para contactar al alma, ciertos artículos de noticias saltarán a la vista y se introducirán a tu mente razonablemente. Los acontecimientos altamente emocionales deberían ser reconocidos por lo que son, y debes tomar una decisión consciente para apagar el radio o la televisión y rechazar todo lo que esté siendo exhibido con alarde frente a ti. Es mejor elegir y leer lo que consideres importante usando el Internet en lugar de sentarte enfrente de la televisión y permitir a quien ha programado la noche de espectáculos dominar tu vida. Por encima de todo, apagarlo y aprender a apreciar el silencio.

Conclusión

La capacidad de tomar el control de tu mente es esencial para navegar a través de este período. Una mente que está sujeta a los caprichos del plano astral y a la manipulación mental subliminal de las Fuerzas Oscuras estará a la entera disposición del cuerpo emocional, el cual te cortará con las ondas del temor y el pánico. Te sentirás indefenso y sin rumbo.

Lo que hemos propuesto anteriormente te ayudará a navegar a través de esta transición, pues estos métodos han resistido la prueba del tiempo durante otra crisis mundial. No tienen que ver con la actual psicología pop, suplementos de hierbas o promesas para actualizar tu ADN. Estos métodos están basados simplemente en el todo poderoso "Dios Interno".

Capítulo 7
Implementando Tu Plan del Alma

Después de haber recuperado el control sobre tu mente mediante una mejor concentración, el siguiente paso es buscar contacto con el alma, con esa parte del Gran Amón Ra que es tu "Dios interno". El propósito de tu vida en la actual agitación se volverá más evidente. La mayoría de los portadores de luz saben en el fondo que tienen una misión que cumplir, pero muchos van por la vida, distraídos e incapaces de definir lo que es esa misión. Cuando el alma sea capaz de expresarse claramente por medio del vehículo físico, marcharás a través de la agitación conociendo tu propósito y la razón por la cual elegiste encarnar durante este período. También serás conducido a los recursos que te permitirán llevar a cabo tu misión.

Sintonizándote con Tu Plan del Alma

Establecer contacto con el alma es la más importante experiencia de cambio en la vida que emprenderás en esta encarnación. Sin embargo, un contacto cercano con tu alma también demandará cambios en tu vida física y espiritual a los que puedes resistirte o tenerles mucho miedo para realizarlos. Aquí es en donde muchos portadores de luz fallan.

Por otro lado, también puedes estar maduro para el contacto con el alma y podrás regocijarte de los frutos y la sabiduría que tal contacto puede brindar a tu vida, y puedes estar dispuesto a realizar todos los ajustes necesarios a tu vida para cumplir tu misión.

Como portadores de luz ustedes han encarnado durante este período para ayudar en la transición mundial hacia la Nueva Era. El papel que desempeñarán en todo este escenario es parte de un enorme rompecabezas que compone el Plan Divino de la tierra. Aunque ustedes y sus maestros espirituales elaboraron un plan individual, cuando encarnaron en la tierra, lo hicieron totalmente a ciegas de esta misión. Su trabajo fue vivir por todas las experiencias que habían planeado y en el momento preciso levantar el velo de su plan individual e implementarlo en conjunto con miles de otros portadores de luz. Todos los planes individuales juntos se entramarían en un área geográfica particular y servirían como planes divinos regionales. Todos los planes regionales estarían en concordancia con todo el plan divino para la tierra.

"Buscad y Hallaréis"

Si sientes en tu interior que tienes una misión para ser llevada a cabo en la tierra, que necesita ser cumplida antes del final de tu encarnación, entonces debes levantar el velo que esconde tu plan individual y debes percibirlo como si estuviera escrito en tu alma. No hay maneras rápidas y fáciles para acceder a este plan del alma a pesar de las promesas de los charlatanes y psíquicos de la Nueva Era de que pueden leer tus registros Akáshicos ¡e inclusive tu alma! La única forma de poder acceder a esta información del alma es profundizando dentro de sí mismo a través de la meditación hasta contactar a tu alma.

En ciertos casos, iniciados de la Jerarquía Espiritual pueden revelar los primeros pasos de un plan del alma a un individuo por razones estratégicas o para guiarle a retomar el camino. Pero en general, el buscador debe practicar el adagio bíblico: "Buscad y hallaréis". El buscador que sinceramente intente encontrar esta información, disciplinándose en la práctica de la meditación, está destinado a volverse un discípulo más confiable y un trabajador para la Jerarquía Espiritual. Aquellos que andan saltando de un médium a otro, de un maestro a otro tratando de encontrar a alguien más que defina su misión en la vida, están demostrando a la Jerarquía Espiritual cuan poco confiables serán si alguna vez llegan a la fase de implementación de su plan divino. Las pasadas experiencias han demostrado que la mayoría de aquellos a los que les fueron dadas indicaciones acerca de su misión del alma, nunca la completaron, permitiendo que las preocupaciones de la vida diaria los absorbieran completamente, en lugar de ser ellos quienes las absorbieran.

Método para el Contacto con el Alma

Reproducimos para ti el método de la Meditación por Respiración recomendado por la Jerarquía Espiritual, el cual aparece en nuestro sitio web www.sanctusgermanus.net y en el Volumen 2 de *Las Profecías de Sanctus Germanus*. Este método proviene de la antigua tradición del Raja Yoga y ha resistido las pruebas del tiempo.

La meditación por respiración intenta poner a tu ser físico consciente en contacto con el alma que reside en la glándula pineal en el centro de tu cabeza. La distancia desde tu cuerpo exterior a la glándula pineal es minúscula pero el viaje puede ser largo, arduo y lleno de obstáculos. Por tanto, en las primeras etapas, hacer la Meditación por respiración debe ser un acto de voluntad consciente y persistencia. Muchos se dan por vencidos desde el principio, pero la persistencia, como en todos los esfuerzos humanos, a la larga produce sus frutos. Las aventuras y sorpresas que experimentarás serán ilimitadas.

Meditación por Respiración

La meditación, cuando es entendida apropiadamente, es aquietar el cuerpo físico, generalmente en una posición en la que la espina esté erguida y derecha, estando sentado, no acostado. Deberás elegir un lugar de meditación que sea bastante cómodo en cuanto a temperatura y en el que no puedas ser molestado por otros. Alrededor deberá cultivarse un ambiente o atmósfera del espíritu si es posible.

Cuando te sientes a meditar, debes sentir que estás a punto de tener una conversación con tu Dios, tu Ser Superior, y nada más. Debes acercarte a la meditación como te acercas a un altar de invocación—con humildad, sobrecogimiento, respeto, gran amor y gratitud. Con la actitud, enfoque y lugar apropiados, sugerimos el siguiente procedimiento de meditación:

1. Siéntate en una postura cómoda con tu espina recta y erguida. Puedes sentarte en la tradicional posición de meditación de yoga en el piso o derecho en una silla cómoda.

2. Invoca a la Llama Violeta de Protección o lee la Invocación de Protección en el capítulo anterior.

3. Comienza a respirar profundamente y honra tu respiración para inhalar y exhalar. Y con cada respiro, uno debe darse cuenta que esta inhalando vida y luz puras. Concéntrate en la inhalación y la exhalación mientras respiras.

4. Mientras respiras profundamente, enfoca inicialmente tu atención en el área de la cabeza, en particular la parte superior de la cabeza. Vuélvete consciente de tu propia aura.

5. Luego, vuélvete consciente de tu espina dorsal, la viga central del templo del cuerpo, la columna vertebral, esa hermosa entrada dimensional a tu espacio interior. Enfócate en la espina dorsal mientras te acostumbras al ritmo de la respiración, cuando va hacia dentro, cuando va hacia afuera, y poco a poco suelta tu atención de la respiración mientras ella continúa a su propio ritmo.

6. Enfoca toda tu atención en la columna vertebral, manteniéndola ahí. Trata de visualizarla como un tubo de luz blanca pura.

7. Comienzas a tener el deseo de entrar, porque en efecto es un portal. Es una apertura dimensional en el cuerpo físico a tu mundo interno. Trata de entrar en ella, debes tener el deseo de entrar en ella, la voluntad de entrar, y entrar, y entrar. Debes tener la voluntad de entrar, no muy diferente a remar en una canoa río arriba contra la corriente, y no muy diferente a los

salmones que persistentemente siguen nadando río arriba contra la corriente que permanece haciéndolos retroceder. Pero ellos no se rinden. Utiliza tu voluntad para ir adentro, adentro, adentro.

8. En cada sesión de meditación, en algún momento alcanzarás un punto de apoyo interno, un lugar de referencia, por así decirlo. Sabrás cual es por la pura experiencia. Si crees que no puedes ir más adentro, debes seguir intentando hasta que no puedas más. Al llegar a este punto, detente y simplemente disfruta de los alrededores internos.

9. Trata de estar consciente de la atmósfera interna mientras la respiración continúa entrando y saliendo a su propio ritmo constante.

10. Trata de conocerte a ti mismo tal como eres, más allá de los pensamientos, sentimientos, sensaciones y ciertamente los cuerpos físicos. Cada sesión será una nueva aventura y una continuación de tu viaje interno.

11. Trata de conocer esa parte de ti que nunca ha cambiado y nunca cambiará, esa parte de ti que es eterna. Trata de sentir tu propia eternidad.

Esto puede parecer un enfoque muy superficial y básico de la meditación, pero te aseguramos que si se sigue apropiadamente, te llevará a avances internos del tipo que la mayoría de las personas tanto quiere experimentar pero ignoran como hacerlo.

Meditación por Respiración en un Ambiente Grupal

Cap 7 Implementando Tu Plan del Alma

Hemos expresado en el Volumen 2 que la meditación guiada[29] es una forma de manipulación mental, no importa cuan buenas sean las intenciones de la persona que hace de guía. Esto puede conducir a ser dependiente de una grabación o de una persona y por lo tanto no se desarrolla la voluntad consciente y la disciplina necesarias para sentarse a meditar. La meditación es esencialmente una acción individual. Así que haz la meditación por ti mismo en lugar de hacerla en una situación guiada o con la ayuda de psíquicos o médiums.

Si la Meditación por Respiración es hecha en un ambiente grupal, hay que dejar que el silencio reine para que cada persona pueda meditar de acuerdo a sus capacidades. Que ninguna persona guíe la meditación. Además, este es un viaje individual y nadie puede conocer al alma mejor que tú, ya que es el verdadero tú.

Sí la Meditación por Respiración es combinada con un pensamiento semilla, que cada uno medite en el pensamiento una vez que sea logrado el ingreso en su mundo interno. Sea cual sea la perspectiva iluminada que tu meditación produzca con respecto a este pensamiento semilla, puede luego ser transferida a la conciencia de las masas desde donde será compartida con aquellos abiertos a tales pensamientos. En esta forma los resultados de tu meditación pueden ser compartidos en un grupo.

Luz en la Cabeza

Cuando percibas una luz suave en la cabeza incluso cuando tus ojos están cerrados en un cuarto

---

[29] Una persona guiando una meditación de forma oral.

oscuro, has llegado al reino de tu prelado interno, el alma. Esta suave luz se volverá más brillante cuando se permita a tu alma la liberación completa de la expresión a través de tu vehículo físico. Esta es la esencia de la liberación del alma.

Desarrollar Discernimiento

Desarrollar discernimiento espiritual es un resultado importante de esta meditación. Si hay demasiado anhelo y deseo emocional de contacto con el alma, las entidades astrales, haciéndose pasar por guías o Maestros, llegarán rápidamente y te engañarán. Esto puede ocurrir al principio de tu experiencia en la meditación mientras estás ajustándote a la Meditación por Respiración, y es una de las fases más difíciles que conducen al contacto con el alma. Ignora a estas voces y continúa tu viaje hacia el interior. Aprenderás a caminar por la fina línea del discernimiento espiritual y a distinguir mejor entre lo falso y lo verdadero mediante la experiencia.

Tu viaje a tu mundo interno es muy similar a caminar por una calle muy transitada. ¿Permitirías que el primer extraño que se te acerque te aconseje sobre asuntos personales? Mientras viajes a través de tu cuerpo emocional o astral, también puedes acceder a una multitud de entidades compitiendo por tu atención. Parloteo, voces, consejos poco sustanciosos diciendo nada nuevo—todos éstos son signos de comunicación con la dimensión justamente sobre la línea llamada muerte. Sólo porque son invisibles no significa que sean espirituales. Están compuestos de materia vibratoria levemente superior. Haz exactamente como lo harías en la tierra, no los escuches y continúa con tu respiración hasta que te lleve al centro de tu mundo interno en donde estarás a salvo de estas influencias externas.

Además, el Maestro Kuthumi sugiere que puede ser tu propio yo el que pone los obstáculos y ofrece estos consejos mientras viajas hacia el interior:

... Cuando "entras en el Corazón del Silencio—en donde comulgas con tu propio Dios... sé extremadamente prudente, cuidadoso y está alerta de la respuesta que recibirás primero de tus propios cuerpos porque eres un mecanismo complejo—un ser séptuplo. Ahora, considerando que la gloria de... tu Cuerpo Causal y tu Santo Ser Crístico nunca podrían llevarte por el mal camino—tus cuerpos inferiores tienen voz, conciencia e inteligencia propia—y estas voces, esta conciencia y esta inteligencia dentro de ellos frecuentemente tratan de servir a sus propios fines egoístas por medio de ti.

... Recuerda siempre que el dictado de la conciencia que labra la personalidad, eso que da engrandecimiento al ego humano, no es la "Tranquila y Suave Voz" de la Presencia, sino más bien las resonancias etéricas de tus propias experiencias pasadas, los deseos emocionales de tu mundo sentimental, o los preceptos y conceptos mentales de tus vidas pasadas.

... Cuando procedas a un entendimiento de La Voz del Silencio, date cuenta que eso que te hace humilde, eso que te hace amoroso, eso que te hace puro, eso que te hace armonioso, es de Dios. Los sentimientos que se despiertan dentro de tu corazón que desean hacer de esta Estrella un Planeta de Luz, para aliviar la carga de tu prójimo, para llevar a aquellos que están con dolor y angustia al entendimiento y armonía—eso es de Luz. Eso que reduce la personalidad e incrementa el Poder de Cristo—¡eso es de Dios![30]

El estudio de la Sabiduría Antigua te ayudará a discernir la cualidad de la sustancia que se te transmite. Interlocutores experimentados y capacitados de la Jerarquía Espiritual, tales como Gautama Buda, Jesús, Saint Germain, e incontables avatares, han dado a conocer la Sabiduría Antigua. Estas son las verdaderas enseñanzas esotéricas de la Hermandad de la Luz.

Empaparte profundamente de la Sabiduría antiquísima te ayudará a obtener un sentido de la cualidad y la naturaleza de las comunicaciones de la Gran Hermandad de la Luz y te ayudará a distinguirlas de aquellas enseñanzas y sofismas falsos de entidades astrales de hoy en día. Estas últimas están llenas de palabras dulces para atraerte hacia su influencia y es usualmente la repetición de la información ampliamente difundida por Internet y es básicamente vacía de contenido. Así que desarrollar el discernimiento en este caso es fundamentalmente aprender la diferencia entre las voces astrales y los impulsos del alma y las intuiciones.

Algunos portadores de luz reportan dificultades para hacer la Meditación por Respiración o cualquier meditación para ese asunto. No podemos ofrecer ningún consuelo, excepto sugerir la persistencia. Es verdad que esta meditación requiere un esfuerzo

---

[30] Printz, Thomas (Maestro Morya) *The First Ray,* Ascended Master Teaching Foundation, Monte Shasta, California: 1986, págs. 103-104

consciente para labrar tu camino hacia tu mundo interno. Pero desafortunadamente, nadie más puede meditar por ti. Esto solo puede lograrse si tomas una decisión consciente de hacerlo y luego continúas por medio de una persistente meditación diaria hasta que el contacto con el alma sea logrado. Estos momentos requieren persistencia y disciplina en lugar de mimos.

Además, tu persistencia confirma un compromiso con tu misión en la tierra.

El Sendero Conduciendo al Despliegue del Alma

Tu plan del alma es revelado paso a paso y nunca todo de una vez. Una vez que cumplas con un paso, primero tendrás que dar el siguiente paso antes de que más sea revelado—esto es para probar tu compromiso y sinceridad para seguir adelante con los impulsos del alma que estás recibiendo. Un Sendero lleno de desafíos y obstáculos te espera, pero las recompensas son mucho mayores.

Como Distinguir entre Impulsos del Alma y Astrales

En la última parte del muy bien conocido libro, *El Iniciado*, por Cyril Scott, hay una alegoría del sendero del iniciado y los obstáculos y tentaciones que aparecen a lo largo del sendero para impedir la búsqueda del iniciado. Hoy en día el sendero al despliegue del alma implica encuentros no solo físicos sino también con desencarnados.

En tu camino para implementar tu plan del alma, encontrarás muchas situaciones que pueden desviar tu atención o conducirte al engaño. Entidades astrales haciéndose pasar por maestros o por seres angelicales aparecerán utilizando términos espirituales familiares, que interesarán por las buenas intenciones del portador de luz; como la sanación, ayudar a otros, o grandiosos proyectos para la salvación del mundo. Éstas, por supuesto, se burlan de las tendencias naturales del portador de luz, pero también pueden ser utilizadas para engañarte y arruinarte la mayor parte del tiempo, tanto moral como financieramente.

La acción rápida y urgente es una señal de actividad astralmente inspirada y puede dar lugar a acciones sin sentido que muchas veces mantienen a las personas por aquí y por allá hasta que eventualmente las sacan del camino. En contraste, los impulsos del alma son calmos, pausados y provienen del "saber".

Una portadora de luz logró vender su casa justo antes de que el mercado inmobiliario se estrellara y consiguió una buena ganancia. Sus "guías" la empujaron urgentemente a comprar otra casa en otro estado e invertir en una propiedad del desierto que supuestamente podría servir como un portal dimensional para el centro de sanación que ella siempre soñó tener.

Desde un punto de vista práctico, esta guía fue desastrosa. El estado en el que ella eligió comprar su nueva casa resultó ser uno de los más golpeados por la recesión económica. En cuestión de un año, el valor de su nueva casa se redujo a la mitad y su nueva hipoteca pronto superó el valor de la casa. Ella ahora está en bancarrota, y la propiedad que se convertiría en su centro de sanación ha sido embargada. Este es un ejemplo de cómo dudosos "guías" en el plano astral pueden inducir al error y arruinar a los portadores de luz. Es también un ejemplo de la falta de discernimiento o incapacidad del portador de luz para distinguir entre la información buena y mala procedente de guías desencarnados.

Alejar a los falsos guías desencarnados también puede suponer un problema. Por un lado, no es muy probable que se marchen voluntariamente sino que podrían transformarse en otras identidades ofreciéndote asistencia en contra de la misma que puedes estar ahuyentando. Si aceptas esta asistencia, serás doblemente enredado en su red de engaños. Así que ten cuidado con estos zorros vestidos de ovejas ofreciéndote ayuda. Por otro lado, el portador de luz puede no querer dejar ir a los guías desencarnados incluso si la orientación es errónea. Algunos guías han rondado alrededor de la persona por años, proporcionando tanto buena como mala información, alimentando el ego de la persona e inclusive brindando "amistad" a un corazón solitario. Desde que ellos pueden ver mejor el futuro, saben cómo llevarte a la desgracia en el momento oportuno. En el caso anterior, el guía astral podía ver la inminente crisis inmobiliaria y condujo a nuestra portadora de luz directamente hacia ella.

En otro caso, un psíquico aconsejó a otro portador de luz que debía comprar una casa en un estado vecino inmediatamente ya que era para cumplir su misión espiritual. Guiados por un anuncio en Internet, tanto el médium como el portador de luz acudieron al lugar solo para encontrar un edificio en ruinas que necesitaba miles de dólares para arreglarse ¡y por si fuera poco estaba embrujado también! El médium trató desesperadamente de recuperar su credibilidad apresurándose a buscar un agente para encontrar otra propiedad en la misma ciudad. "Esta es la única", declaró señalando otra oferta de venta, "tiene un mejor portal dimensional". Pasa a través de la chimenea, por todo el camino hacia el sótano. "Sería perfecto para tu misión de sanación". Afortunadamente en ese momento el portador de luz despertó y declaró como un fraude total al médium y a todo el episodio de la búsqueda de la casa.

Implementar un impulso del alma o una guía "a toda prisa" debería encender las alarmas. La prisa o la urgencia están diseñadas para negar cualquier pensamiento lógico o racional y para sumergirte en un camino que te cambiará el rumbo y que al final te arruinará o te inhabilitará.

Como mencionamos anteriormente, tu misión del alma nunca te será revelada en su totalidad, sino que por partes, principalmente porque puedes agobiarte demasiado para cumplirla o te puedes ir por otro camino porque son requeridos algunos cambios fundamentales en tu vida. Cada paso prueba tu compromiso y confiabilidad para con tu plan y cada paso es sostenido con los recursos adecuados para realizarlo. Esto es importante porque muchos portadores de luz dicen que quieren hacer esto y lo otro como parte de su plan pero que no tienen el dinero para realizarlo. La experiencia ha demostrado que si los recursos no están disponibles, entonces quizás no estás en el camino correcto en la realización de tu plan del alma. En este punto, deberías detenerte y honestamente hacer un balance de lo que estás haciendo. ¿Has vuelto tu camino en una aventura para hacer dinero? ¿Tu motivación es el servicio divino o sólo el promoverte a ti mismo? ¿Es tu modestia exterior no más que una fachada de grandes ambiciones por volverte famoso u otro gurú más?

Cap 7 Implementando Tu Plan del Alma

Medita y busca más orientación de tu alma, puesto que es en donde está el plan. Prueba por otras vías que cumplirían el mismo objetivo. Sólo recuerda que hay muchos caminos que conducen a Roma y no hay sólo una manera para lograr un objetivo del plan del alma.

Esto nos lleva a otro tema importante el cual es el libre albedrío. El plan del alma sugiere objetivos y te da la opción de elegir como llevarlos a cabo. Y nunca te dirá "Compra esta propiedad por este precio u obtén este financiamiento". Tú estás operando en el plano terrestre y se espera que por medio de las muchas experiencias de tu vida hayas aprendido a valerte por ti mismo a través de la vida en la materia densa. La Jerarquía Espiritual necesita trabajadores que puedan tomar decisiones básicas en el plano terrestre, de otro modo. ¿Cómo podrías servir como sus brazos y pies en la tierra? Debes practicar el sentido común y utilizar principios firmes ante las situaciones para abrirte paso a través de este maya. Hacer las cosas de forma apresurada, como lo mencionamos, es la mejor táctica para desviarte. Así que tómate tu tiempo y evalúa tu siguiente paso de acuerdo a prácticas racionales y firmes ante las situaciones.

"Unos guías" impulsaron a un portador de luz a crear una librería esotérica en una ciudad turística. Sin embargo en lugar de ubicar la librería en el centro de actividad que le ofrecería un adecuado tráfico peatonal y una exposición al público, él fue "guiado" a comprar un espacio en un lugar aislado en las afueras del centro de la ciudad. Él dijo que fue guiado divinamente hasta ahí. Pero desde un punto de vista comercial lógico, tal ubicación no tenía sentido. Como consecuencia, la librería está en bancarrota, y un recurso valioso para la comunidad espiritual se perderá.

Entonces, ¿cómo sabes que estás recibiendo un impulso del alma a diferencia de uno astral? Un impulso del alma genuino no es emocional. No trae consigo lágrimas de gozo o de adoración. Se trata de un profundo conocimiento, que es una consecuencia lógica de donde has venido en la vida. Si has sido educado como un abogado, por ejemplo, es poco probable que tu llamado del alma te conduzca a volverte un mecánico de automóviles y viceversa. No obstante, tu llamado puede requerir un cambio en tu estilo de vida o en tu situación, pero el profundo conocimiento te mantiene avanzando en la dirección correcta. No hay prisa ni urgencia, y por lo general hay tiempo para pensar racionalmente sobre el próximo paso y planificarlo correctamente. Además los recursos están disponibles para que lleves a cabo el paso siguiente, siempre y cuando des el primer paso.

Decisiones Difíciles

El contacto con el alma te impulsará a tomar medidas con tiempo suficiente para prepararte. A veces esto puede significar alterar tu vida actual, incluso desarraigándote de tu familia, a pesar de sus objeciones. Un portador de luz se lamentaba de que aunque sentía un fuerte impulso para mudarse a una de las Regiones Espirituales, él no podía mudarse porque tendría que dejar a sus amigos y vecinos, y los niños tendrían que cambiar de escuela.

Otra portadora de luz tiene bastante claro que debe salir de un área de tierras bajas costeras. Pero su esposo piensa que mudarse basándose en los impulsos de su alma es ridículo, especialmente porque no hay perspectivas de trabajo a donde ellos se mudarían, y ambos tienen trabajos bien remunerados en donde están actualmente.

Esta es una decisión difícil. Ella debe decidir por sí misma qué es más importante en esta vida: su misión del alma o el razonamiento de su esposo. Si ella sigue sus impulsos del alma, ellos primero deberían mudarse, luego el resto del plan se desarrollaría. Pero si todo debe ser planeado por ellos—un trabajo estable, una buena casa, las escuelas correctas para los niños, etc.—todo garantizado, ellos nunca se mudarán. Así no es como la Jerarquía Espiritual trabaja. La Jerarquía Espiritual primero quiere saber cuan sincero y confiable es tu compromiso para llevar a cabo tu misión. Así que nada pasará sin dar el primer paso.

Una vez que des el primer paso estarás bastante sorprendido de cómo se desarrollarán las cosas de acuerdo a tu plan del alma. Pero el primer paso es un salto de fe total que muchos portadores de luz no están dispuestos a dar. El resultado es contradicción y agitación mental hasta llegar a la frustración y finalmente a una situación explosiva en donde la decisión deba ser tomada. Ir en contra de tu plan del alma también puede conducirte a la depresión y en última instancia a un comportamiento insano porque esencialmente estás siendo llevado en la dirección opuesta. La personalidad lucha con el alma, o para decirlo en términos bíblicos antiguos, la carne pelea contra el espíritu. Tú resolverás este problema tomando una firme decisión y viviendo con sus consecuencias o batallarás con la contradicción dentro de ti mismo hasta que seas forzado a tomar una decisión para mantener tu cordura.

Este problema expone un error conceptual fundamental entre algunos portadores de luz. Sus misiones originales han sido colocadas en segundo plano mientras sus vidas mortales se han vuelto tan importantes que lo que ellos han olvidado o se rehúsan a admitir es lo que ellos vinieron a hacer aquí para la Jerarquía Espiritual. En otras palabras, poner en peligro los dos automóviles, la piscina y la buena vida material se vuelve más importante que ayudar en el tránsito de la humanidad hacia la Nueva Era. Una vez que ellos finalicen esta encarnación regresarán para enfrentar las consecuencias: "Misión Incumplida".

Otra portadora de luz también recibió el impulso de salir de un área de tierras bajas costeras. Cuando un reciente huracán devastó parte de su ciudad, ella lo tomó como un recordatorio y una confirmación de que su impulso del alma era correcto. Su esposo tiene un negocio en la ciudad, por lo que él no quiere mudarse. Sin embargo, ella ha decidido en todo caso que se mudará a una de las Regiones Espirituales incluso si tiene que hacerlo sola y ha anunciado sus intenciones a todos a su alrededor. Este es el tipo de decisión que un portador de luz debe de tomar, pues lo que espera adelante en esta transición no será un picnic.

Al mantener sus intenciones de llevar a cabo sus planes del alma, las cosas se han desenvuelto milagrosamente. Su esposo vendió su inconveniente negocio y otros bienes que los habrían atado a su ubicación actual, y ahora son libres para trasladarse.

La resistencia a muchos planes de los portadores de luz llega con más vehemencia de sus familiares más cercanos, principalmente de sus cónyuges. Es comprensible que el bienestar de sus familias pese mucho más en sus mentes, incluso a expensas de sus planes del alma. Esto es el por qué da fuerza y fortaleza moverse en la dirección de nuestra propia alma, aún si va en contra de la corriente, es decir, las consideraciones de tu familia.

Muchas serán las razones para abandonar tu plan del alma y se reduce en su mayoría a dar demasiada importancia a tu vida mortal en este plano terrestre en lugar de a la gran misión que se te envió a hacer aquí. Se necesita coraje y agallas para romper con estos impedimentos y cumplir nuestra propia misión.

La mayoría de los portadores de luz que han tomado las decisiones difíciles y que están llevando a cabo sus misiones avanzan firmemente y silenciosamente sin recurrir a la publicidad y a las promesas de la fama. Otros han erróneamente comercializado sus misiones en proyectos para hacer dinero, proporcionando entretenimiento a los vacilantes que no tienen compromiso, quienes saltan de un lugar a otro en búsqueda de un camino fácil en lugar de un pleno compromiso de servicio. Esta búsqueda de los que no están comprometidos, estos indefinidos proverbiales, ha proporcionado pasto seco para proyectos "espirituales" inescrupulosos, terapias, entrenamiento para la vida, soluciones inmediatas, seminarios y talleres de vía rápida hacia la iluminación. Esto es el proverbial "ciego guiando a otro ciego", y evoca los pensamientos de que los cambistas en el templo han regresado a sacar el máximo provecho de esta situación.

Implementar tu plan del alma paso a paso y saber que vas en la dirección correcta es probablemente la actividad más gratificante que emprenderás en esta encarnación, pues es el propósito principal de tu presencia aquí. Te sentirás feliz y satisfecho, y todos los recursos que necesitas para cumplir tu misión llegarán a tu vida. Es lógico que cuando elaboraste el plan de tu misión antes de esta encarnación, también escribiste en él los recursos que necesitarías para llevar a cabo este plan. ¿Acaso habrías elaborado un plan que te habría dejado sin salida y sin recursos?

Por supuesto, como en todos los maravillosos esfuerzos tomando lugar en la dualidad en el plano terrestre, siempre habrá obstáculos en el camino. Superarlos sólo fortalece aún más el carácter y el compromiso.

Algunos Consejos a los Adultos Jóvenes sobre el Matrimonio

La experiencia ha demostrado que uno de los principales obstáculos para seguir el Sendero de tu misión es un cónyuge que no esté de acuerdo con tus inquietudes espirituales. Si descubres tu misión después de que tengas una familia, tu cónyuge puede ser tu principal oposición a cualquier cambio en el status quo. Su oposición puede ser vociferante, burlándose o con un mortal silencio. En algunos casos, ambos cónyuges pueden llegar a un acuerdo para que uno no se oponga al otro, sólo de apariencia. Esto podría ser caracterizado como oposición silenciosa. En cualquier caso, el portador de luz es colocado en una situación casi intolerable, siendo llevado en la dirección opuesta o siendo forzado a llevar a cabo lo mejor que pueda su misión en secreto. Algunos portadores de luz incluso han dejado a sus cónyuges y familias para ser capaces de cumplir sus misiones.

Nuestro consejo a los portadores de luz jóvenes contemplando el matrimonio es definir en primer lugar lo mejor que puedan, su misión en la tierra antes de casarse. Un joven hombre exclamaba, "Tengo una hermosa novia, un buen trabajo, un apartamento bonito. He viajado por todos lados ¡y aún siento que algo me falta! ¿Qué es lo que está mal?". Al llegar a este punto, es momento de hacer un balance de dónde estás en el cumplimiento de tu misión. Pero este es también el momento para NO casarse.

Una vez que tu misión se vuelve más clara en tu mente consciente y has sorteado los obstáculos a prueba y error, por medio de la Ley de Atracción deberías comenzar a toparte con personas del mismo tipo y podrías conocer esa pareja correcta en el camino que no solo comprendería tu misión sino que la mejoraría.

El Antiguo Maestro Egipcio Serapis Bey ofrece este consejo:

> Conoce, O Hermano mío, que donde un verdadero amor espiritual busca consolidarse doblemente por una unión pura, permanente de los dos, en su sentido terrenal, no comete ningún pecado, ningún crimen a los ojos del gran Ain-Soph, por ello no es sino la divina repetición de los Principios Masculinos y Femeninos—el reflejo microscópico de la primera condición de la Creación. ¡En tal unión los ángeles bien pueden sonreír! Pero ellos son poco frecuentes, Hermano mío, y solo pueden ser creados bajo la supervisión sabia y amorosa de la Logia, a fin de que los hijos e hijas de arcilla no puedan ser completamente degenerados, y el Amor Divino

de los Habitantes de las Esferas Superiores (Los Ángeles) para con las hijas de Adán sea repetido. Pero incluso tales deben sufrir, antes de que sean recompensados. El Atma del hombre puede permanecer pura y tan altamente espiritual mientras esté unida con su cuerpo material; por qué no deberían dos almas en dos cuerpos permanecer tan puras e incontaminadas a pesar de que la tierra pasa la unión de los dos últimos.[31]

Mientras no estés en el camino correcto, el sentido de misión te fastidiará a lo largo de toda tu vida. Y si ya te has comprometido a un cónyuge e hijos, deberías cumplir tus obligaciones para con ellos como lo prometiste. Tendrás que ya sea poner en peligro tu tiempo y esfuerzo para tu misión (y así probar ser menos confiable) o puede que tengas que salir de esta encarnación sin cumplir tu misión. Si tu llamado es muy fuerte, entonces deberás llegar a un acuerdo con tu cónyuge que te permita cumplir tu misión y mantener tus obligaciones para con tu familia. Desafortunadamente, hay pocas opciones entre cumplir o no cumplir tu misión, ya que la Jerarquía Espiritual no pone en entredicho la calidad o el compromiso de sus portadores de luz.

Asociaciones con Otros

Asociarse con otros que no estén en el Sendero con el fin de implementar tu plan del alma puede causar grandes problemas. Las diferencias más

---

[31] Citado de la Carta 19 alrededor de 1875 del Maestro Serapis Bey para Henry Steel Olcott en *La Historia de Las Cartas Mahatma*, por C. Jinarajadasa, The Theosophical Publishing House: Adyar, Madras, 1977.

evidentes tienen que ver con la moral básica y tu necesidad de comprometer tus principios. Solo porque alguien tenga tendencias psíquicas no significa que él o ella esté en el Sendero. El peor tipo de asociado sería uno que es tomado del pelo por "guías" astrales haciéndose pasar por seres superiores. En esta situación, tienes los elementos necesarios para el sabotaje a través de información engañosa, malas decisiones, pereza, agendas ocultas, traiciones ambiguas, y una serie de otras cuestiones morales básicas.

Matrimonio y Oposición Conyugal

En el apartado anterior hemos tratado esta situación cuando se aplica en adultos jóvenes antes de casarse. Pero, ¿y si eres una "persona que se desarrollo lentamente" y más tarde en tu matrimonio, descubres tu misión espiritual la cual te pone en oposición directa con tu cónyuge y con las obligaciones que tienes para con tu familia? Esta es una cuestión espinosa y una situación en la que se encuentran muchos portadores de luz en la actualidad.

Un cónyuge comprensivo que sea lo suficientemente abierto para no oponerse a tu misión y que no plantee ninguna oposición externa sería lo ideal. A veces tu cónyuge y tú pueden tener pensamientos tan similares que ambos pueden perseguir una misión común. Esto es posible pero poco frecuente como el Maestro Serapis lo expresó. Y nunca puedes obligar a que tu cónyuge crea en lo que tú consideras verdadero y viceversa.

También hay portadores de luz que trabajan secretamente en sus misiones sin que sus cónyuges lo sepan. Aquellos que están atrapados en matrimonios que no les permiten expresarse exteriormente y cumplir sus misiones, deben obviamente comprometer o justificar sus situaciones haciendo las pocas cosas permisibles que los hagan pensar que están en el camino. Sin embargo, tal situación no está en el espíritu de la liberación del alma, la cual en este caso es aprisionada por el matrimonio y eventualmente explotará.

En algunos, el llamado se vuelve tan fuerte que ya no pueden poner en peligro su misión, y toman la muy fuerte medida de separarse del matrimonio para cumplirla.

Todo se reduce a elegir lo que es más importante para ti. No hay camino correcto o equivocado. Tú vives y te ajustas a cualquier decisión que tomas, las consecuencias de éstas tendrás que enfrentarlas ya sea en este plano o en las dimensiones superiores cuando te vayas.

Dinero y Seguridad

La cuestión del dinero y la seguridad sigue siendo primordial en las mentes de algunos portadores de luz. Esto es comprensible en el mundo en que vivimos, y un portador de luz propenso a la pobreza difícilmente puede cumplir su misión adecuadamente si está demasiado preocupado por la falta de dinero. Algunos portadores de luz han resuelto este problema ganando lo suficiente por medio de sus trabajos regulares, ocupaciones o inversiones para ser capaces de dedicar su tiempo al servicio divino, ya que el servicio divino debe ser dado generosa y desinteresadamente. Algunos, por razones kármicas, no pueden encontrar la libertad financiera que les gustaría y por lo tanto deben ajustar su implementación del alma a lo que son capaces de hacer. El Maestro Morya expresa:

> Todos ustedes ahora sufren del karma obligatorio. Aquellos de ustedes que no tienen libertad financiera, algún día tuvieron mucha riqueza para incorporar en el plan de Dios y la retuvieron o la usaron libremente para placeres personales... Ahora cuando están dispuestos a servir, no hay ni esa paz ni el rumbo que sienten que es esencial para su éxito. Ninguno puede llorar por eso que "harían si tan sólo pudieran". ¡Perdónense, cada uno por las limitaciones que les hacen instrumentos menos flexibles en Nuestras manos ahora que su corazón desea servir![32]

La Tentación de Comercializar Tu Plan del Alma

Algunos portadores de luz se engañan a sí mismos pensando que como parte de su servicio a la humanidad pueden cobrar honorarios o ganarse la vida con ello. Para estar al servicio de la Jerarquía Espiritual, no deberías esperar enriquecerte, pues esto contradice la noción del servicio divino desinteresado. ¿Consideras tu labor para la Hermandad un trabajo? ¿Estás buscando empleo y dinero a través del servicio divino?

Los negocios de la nueva era suelen justificar sus a veces exorbitantes honorarios como compensación para equilibrar las energías que gastan, es decir ojo por ojo. Esto ha llevado a algunos a ofrecer servicios

---

[32] El Morya (Thomas Printz), *El Primer Rayo*, Ascended Master Teaching Foundation, Monte Shasta, California: 1986, pág. 78.

como "Maestros" de una terapia en particular después de gastar en una matricula por un curso de formación de un fin de semana. Esto no es servicio sino un ciego guiando a otro ciego con artimañas de la Nueva Era.

De hecho, cubrir los gastos en que se incurre para proveer un servicio es una cosa, pero obtener beneficios económicos de dicho servicio es sumamente cuestionable. ¿Acaso no contradice esto a la misma noción de servicio desinteresado?

El Maestro Morya recomienda lo siguiente sobre este tema tan controvertido:

> El principio de la vida es ese cuando un individuo se dedica a convertirse en un Maestro de la Ley, si su motivación es propagar la luz, y no ganarse la vida, Nosotros inmediatamente lo envolvemos como uno bajo Nuestra protección y guía. Nos gustaría que semejantes corazones sinceros tengan una oportunidad para desarrollarse en un lugar de belleza... y algún día esto será así.[33]

La implicación aquí es que los Maestros protegerán y guiarán a aquellos que dediquen sus vidas a servir en lugar de tratar de ganarse la vida de ello. Cuando el dinero es la motivación oculta, y podemos agregar también la promoción del yo, hay una tendencia a poner en entredicho tus valores. Te encontrarás generando actividades, proponiendo consultas, ofreciendo terapias, impartiendo clases con el fin de generar más fondos para pagar las cuentas en lugar de estar en el espíritu de servicio desinteresado. O cuando el ego tome el control, te encontrarás

---

[33] Ibid,, pág. 34.

promoviéndote a ti mismo en lugar de a las enseñanzas y Leyes Divinas. Si el servicio es ofrecido con un corazón genuino y con motivos puros, entonces los recursos y el dinero fluirán hacia ti de muchas maneras impredecibles.

El Regreso de los Cambistas al Templo

La Biblia nos habla del alboroto del Maestro Jesús en el templo para expulsar a los cambistas. Durante este periodo de aceleración, los cambistas han regresado con todo su vigor. Los esquemas pregonando el conocimiento secreto de ciertas leyes cósmicas (que han sido conocidas por la humanidad desde tiempos inmemoriales) han sido empaquetados y comercializados para atender a las necesidades y deseos egoístas. Los organizadores utilizan técnicas masivas de marketing bordeando la histeria evangélica para atraer personas hacia caros seminarios, paquetes de spa, cruceros exclusivos y conferencias masivas—todos los cuales expresan "ayudar al prójimo" o más honestamente enriquecerse a sí mismos. Los personajes famosos de los medios de comunicación utilizan su influencia para avalar estos proyectos, ampliando así el número de expuestos a estos proyectos. Los embaucados son con frecuencia dejados con deudas de tarjetas de crédito más allá de su capacidad de pago o se vuelven cínicos y decepcionados hacia la ley cósmica que no ha trabajado para satisfacer sus deseos egoístas.

Los proveedores del "sentirse bien" llenan las páginas de las publicaciones de la Nueva Era en todos los países alrededor del mundo. Terapias de masajes, vitaminas y suplementos naturales, limpiezas de chakras, terapias reiki, spas, actualizaciones de ADN, potenciadores de la energía divina para incrementar la destreza sexual, contactos Extraterrestres para un rendimiento sobrehumano, seminarios de desarrollo psíquico y la última terapia del mes... ¡todo apunta al circo de los cambistas que están de vuelta en el templo! Todo involucra pagar a alguien para que haga algo que te haga sentir mejor.

Una de las lecciones principales que podemos aprender de la ola del "sentirse bien" es que es otra estrategia más de la Fuerza Oscura para llamar la atención del cuerpo emocional que la aceleración está agitando, especialmente entre los portadores de luz y otros individuos sensibles a las energías. A causa de estos proyectos para ganar dinero, la agitación está temporalmente en calma, y las personas voluntariamente pagan mucho por esta suspensión. Muy a menudo, el portador de luz es desviado de su camino de implementación del plan del alma, porque muchos de estos proyectos son expresados en términos espirituales. Muchos portadores de luz han estado entre aquellos engañados y deben encontrar su camino de regreso al Sendero de servicio desinteresado.

Aquellos que son elegidos como blanco o que son engañados, son los mismos que estaban destinados a combatir a las Fuerzas Oscuras en lugar de convertirse en sus víctimas. De este modo, mientras la guerra entre la Luz y la oscuridad continúe, aquellos que caen víctimas de estos proyectos deben levantarse y reevaluar sus motivos antes de que puedan reincorporarse a las fuerzas de la luz. Ser asaltado de tal manera solo puede debilitar el esfuerzo de construir la suficiente luz para combatir a las Fuerzas Oscuras pero aquel que ha sido puesto a prueba severamente por estos esquemas debería esperanzadoramente volverse un portador de luz aún más fuerte.

Cap 7 Implementando Tu Plan del Alma

Intrusión Extraterrestre

Otra táctica siendo utilizada para desviar del camino a los portadores de luz es la aparición de federaciones extraterrestres prometiendo ayudar a la humanidad durante estos tiempos de agitación. Con frecuencia se le asigna al portador de luz un rango militar como un coronel o un general (todos jefes y no jefes Indios) que liderarán una guerra intergaláctica contra las Fuerzas Oscuras. Ellos prometen rehacer el ADN de cada quien para potenciar a las personas durante estos tiempos de agitación. Esto puede crear un buen guión para La Guerra de las Galaxias, pero cuando echamos un buen vistazo a lo que esta táctica está tratando de lograr, nos damos cuenta de que esto es un intento de dar un golpe de estado contra la Jerarquía Espiritual de la tierra en violación de la ley cósmica.

Utilizando el glamour de la presunción y el rango, los portadores de luz caen bajo la influencia de aquellos que no pertenecen a la tierra y por lo tanto no sabrían cómo resolver los problemas en la tierra. Aquellos que nos guíen hacia la Nueva Era en la tierra deben ser de probada calidad en la experiencia de la tierra, ¡no extraterrestres de otro planeta u otro sistema solar que prometen una solución mágica a los asuntos terrenales!

El Chamanismo y las Prácticas Inspiradas en Lemuria

El chamanismo y las prácticas inspiradas en Lemuria tales como el ho'oponopono, el tamborileo (una forma de hipnosis por sonido), y la sanación por trance son simplemente prácticas antiguas de la Tercera Raza Raíz y no son aplicables a las encarnaciones de la Quinta Raza Raíz y de la entrante Sexta Raza Raíz. La fascinación actual con estas prácticas es más que sorprendente ya que parecen haber sido resucitadas a pesar de que la humanidad ha evolucionado a través de milenios de la Cuarta Raza Raíz (los Atlantes). ¿Vamos a creer que estas antiguas prácticas de una evolución pasada de la humanidad, que data de millones de años atrás nos conducirán hacia la Nueva Era? Si esto fuera cierto, ¿qué dice esto acerca del proceso de la evolución?

No hay ciudades subterráneas Lemurianas conectadas al Maestro Saint Germain, enterradas en las montañas como algunos imaginan. Estas son invenciones puramente astrales que caparazones astrales sobrevivientes de rezagados Lemurianos proyectan hacia psíquicos inexpertos y poco fiables que piensan que ellos están comunicándose con dimensiones espirituales superiores enterradas en el centro de la tierra. En un suspiro ellos sueltan las enseñanzas del "YO SOY" y en el siguiente se meten debajo de la superficie de la tierra para adorar a seres subterráneos. ¿No hay fin a esta locura? Cualquiera pensando que su plan del alma incluye tales prácticas está siendo terriblemente engañado. Volvamos nuestra mirada hacia arriba a nuestro "Dios Interno".

La Confiabilidad de los Portadores de Luz Debe Ser Probada

En las adversidades y tribulaciones que encontrarás en el camino hacia el cumplimiento de tu misión del alma están implicadas las numerosas pruebas de tu confiabilidad. Como un portador de luz es muy probable que pertenezcas a un ashram de un

Cap 7 Implementando Tu Plan del Alma

Maestro que se encuentra en el plano mental superior. Los iniciados del ashram de tu Maestro han sido asignados para recordarte de tu plan del alma para determinar primero tu confiabilidad y compromiso antes de que te pueda ser revelado más. Confiabilidad, coherencia y persistencia son todas las cualidades que la Jerarquía Espiritual busca. Tu alma está en completo acuerdo para probar a tu personalidad en estas cualidades a fin de prepararla para el servicio divino.

En primer lugar, debes adherirte a los principios morales básicos de la sociedad. No puedes esperar que la Jerarquía Espiritual te considere confiable si eres un ladrón de guante blanco, deshonesto, o adicto a las drogas. ¡Sería excesivo pensar que los Maestros serían tan benévolos! Ellos continuarían amándote por quien realmente eres como alma pero te considerarían poco confiable como uno de sus "mensajeros" haciendo el trabajo duro en el plano terrestre.

Segundo, serás sometido a pruebas exhaustivas para comprobar tus verdaderos motivos para servir. Incluso si estás llevando una vida moral, no esperes que los Maestros bajen en picada y te confíen tareas y secretos ocultos sin ponerte a través de muchas pruebas y ensayos. Muchas personas pueden cruzarse en tu camino y ofrecerte distracciones que sean muy atractivas desde un punto de vista material. Algunos pueden ofrecerte dinero, servicios o facilidades para ganar tu confianza y luego engañarte. Debes evaluar objetivamente estos ofrecimientos y meditar sobre su validez para determinar si son realmente parte del plan divino. Si no lo son, entonces recházalos, no importa cuan jugoso sea el ofrecimiento, y cuanto necesites el dinero.

El portador de luz debe examinar sus motivos con gran honestidad. Los Maestros deben probar cada uno de sus motivos. ¿Estás trabajando para ellos con una agenda oculta que busca compensación monetaria, fama o reconocimiento? ¿Estás buscando realmente convertirte en un gurú espiritual que pueda atraer muchos adeptos para así poder enriquecerte? Por otra parte, ¿estás promoviéndote a ti mismo en lugar de a la verdad o al plan divino? ¿Caes fácilmente víctima de la adulación desde el plano astral y así te sometes a su guía?

Más Ayuda de Tu Maestro y Ashram Espiritual

Cada portador de luz pertenece a un ashram de un Maestro. Pero sólo porque tengas habilidades psíquicas no significa que puedes invocar la aparición de un Maestro. Ellos se pondrán en contacto contigo, no al revés. Tú has desarrollado una relación con tu Maestro durante incontables vidas, y el Maestro conoce a tu alma por dentro y por fuera. Si esta encarnación no llena tus y sus expectativas, ellos pueden utilizar otros medios para despertarte y llevarte de regreso al Sendero. Esto podría ser por contacto directo a través de la aparición física o por sueños vívidos. Así que en muy, muy raras ocasiones, un Maestro puede materializarse para comunicar algo importante o para dejar muy claro un punto.

Un portador de luz dijo suspirando, "Si tan sólo pudiera conocer a un Maestro frente a frente, entonces quizás conocería mi propósito del alma". ¿Realmente lo haría? ¿Tomaría él las medidas necesarias para implementar su plan del alma o pondría otras precondiciones para hacerlo? Las experiencias pasadas han demostrado que inclusive cuando semejante intervención directa ha sido utilizada, la "proporción de éxito" en el despertar ha sido baja.

Durante un período bastante largo la Jerarquía Espiritual utilizó la manifestación de fenómenos para captar la atención de la gente, especialmente por medio del movimiento Espiritista. ¡La gente entonces quedaba fija u obsesionada con el fenómeno en lugar de con sus propósitos del alma! Por esta razón, fue decidido que si el portador de luz fuera lo suficientemente motivado para profundizar en el alma para encontrar las respuestas, se podría lograr posiblemente una mayor "proporción de éxito". El Maestro Saint Germain una vez dijo:

> (Yo vine) para que cada uno de ustedes realmente supiera
> Que existe aquello que llamamos fenómenos.
> No siempre son aportes
> Y no siempre es humo
> Lo que sale de la garganta de un médium
> Sino aquello que te convierte
> En alguien a quien aviva el fuego del cielo...
> ¡A través de Su amor o Su gran, gran devoción![34]

Es sorprendente cómo algunos psíquicos o médiums organizarán lugares de reunión y pretenderán evocar a los Maestros para proveer un espectáculo espiritual para una audiencia en una noche de un aburrido invierno. No puedes invocar a un Maestro para que venga a entretener a un grupo de personas. Tampoco puedes vender boletos para tal ocasión. Esto es un grave abuso y una falta de respeto

---

[34]Del "Mensaje de Bienvenida" del Maestro en www.sanctusgermanus.net

para estos maravillosos y avanzados seres. Y puesto que ellos no serán usados en semejante manera degradante, las entidades astrales con mucho gusto intervendrán y balbucearán algunas palabras que suenen bonito que cualquiera pueda encontrar en Internet. Si la entidad satisface a la audiencia, entonces porque no merodear por más tiempo y poseer a algunos de los más débiles de la audiencia. ¡Cuidado! Este NO es un Maestro, sino una entidad que está violando los derechos del libre albedrío al tratar de engañar a toda una audiencia.

En general, los Maestros se comunican a través de tu mente súper consciente o alma, no a través de tus oídos. Ésta es una comunicación más segura y ayuda a la persona a distinguir entre las voces astrales y las verdaderas comunicaciones jerárquicas. Los mensajes los recibes en la forma de intuiciones o formas de pensamiento a través del alma. Estos mensajes suelen ser recordatorios de lo que ya está escrito en tu plan del alma en lugar de ser indicaciones para comprar esta casa o para ir de allá para acá.

Además, los mensajes de los Maestros conciernen al público en general, pues su amor a la humanidad y el compromiso de llevar a cabo la voluntad de Dios, afecta a toda la humanidad, no sólo a una persona en especial. Ellos no se comunican para aconsejarte en estrategias de inversión, a inflar tu ego, entretenerte con sutilezas, aconsejarte sobre tu relación con tu cónyuge, para tomar decisiones personales terrenales por ti, o consentirte porque no puedes cumplir tu misión.

Las comunicaciones de los niveles superiores de la Jerarquía Espiritual tienen sustancia. Tú puedes leer, escuchar, volver a leer sus mensajes y cada vez obtiene algo de ellos. Son multidimensionales y neutrales. Rara vez son dirigidos de forma personal, pero el mensaje puede aplicarse a tu vida.

Si los Maestros comienzan a comunicarse contigo, sería en una etapa en donde ellos (no tú) hayan determinado junto con tu alma que eres confiable y lo suficientemente apto para llevar a cabo tu parte del Plan Divino. Su guía consistirá en recordatorios y sugerencias para ayudarte a llevar a cabo tu plan individual del alma mientras encaja en el Plan Divino en general para la humanidad. Todo debe encajar para hacer el todo.

Una idea equivocada flotando alrededor de las esferas del movimiento de la Nueva Era es "No te preocupes, cariño, nunca se te pedirá que hagas algo que no eres capaz de hacer". ¡Que agradable y reconfortante, sin embargo tan lejano a la realidad! Digámoslo de otra manera. Se te pedirá que hagas algo que te exigirá el máximo esfuerzo para lograrlo por todos tus medios, y aún más que eso. ¿Cómo puede probar la Jerarquía Espiritual tu confiabilidad si la tarea es siempre dentro de los límites de tu zona de confort?

Una vez que hayas sido totalmente probado en confiabilidad, el Maestro podrá entonces asignarte algunas tareas muy difíciles de realizar para la Jerarquía Espiritual, todo en consonancia con tu plan del alma. Algunas incluso podrían implicar contacto con las Fuerzas Oscuras a través de medios clandestinos en donde tu vida terrenal puede correr peligro, y aquí es cuando la cuestión fundamental de nuestro propio compromiso a la misión surge: ¿tiene tu vida más importancia que los objetivos del Plan Divino el cual te ofreciste voluntariamente a llevar a cabo antes de esta encarnación? Esta es una difícil pregunta y una con la cual todos los iniciados en el Sendero deben encontrarse eventualmente. Eres libre de decidir por ti mismo qué hacer en semejante encrucijada. Nadie más puede tomar esta resolución por ti.

Descubrir tu plan del alma será necesariamente un punto de referencia de un cambio en tu vida. El descubrimiento se llevará a cabo paso a paso, pues mientras implementas cada paso, serás totalmente probado. Para ser parte de un esquema tan grande como el Plan Divino se requiere una persona que esté comprometida, que sea persistente y confiable. La jerarquía Espiritual no pondrá en peligro la calidad incluso si los portadores de luz caen por un lado del camino y las fuerzas de luz se reducen. La Jerarquía Espiritual nunca aceptará menos que lo mejor, y si eso significa esperar hasta que más portadores de luz despierten para llevar a cabo el plan que prometieron realizar antes de esta encarnación, entonces el sufrimiento del mundo se prolongará.

El karma del mundo está llegando a un punto crítico conjuntamente con el fin de este ciclo sideral, y listos o no, enormes cambios tendrán lugar. Cuanto dolor y sufrimiento padecerá la humanidad durante estos cambios dependerá de si las fuerzas de la luz se presentan como prometieron.

Epílogo

La evolución de la humanidad no está sin rumbo. Está apuntando hacia la Cuarta Dimensión como parte de un intrincado Plan Divino de largo plazo. En nuestros tiempos, sólo seremos testigos de los primeros pasos hacia una nueva era y una nueva dimensión, y dependiendo de tu plan individual, puedes estar visitando la evolución progresiva de este plan con encarnaciones posteriores, o serás testigo de ella y guiarás a aquellos que se atrevan a encarnar.

Oportunidades ilimitadas más allá de nuestra imaginación surgirán de las cenizas del sistema actual. La nueva sociedad ya no se basará en la ambición, el dinero, el poder político, y el egocentrismo. Todos los habitantes aprenderán a expresar sus impulsos del alma, y cuando esto suceda, toda la sociedad humana recuperará el camino evolutivo adecuado. La sociedad basada en el YO SOY desplegará incalculables habilidades y oportunidades para todos y cada uno de los habitantes de la tierra.

Esta es la gran promesa de la Nueva Era, la cual se desplegará después que la tierra se limpie a sí misma. Mirar más allá de la agitación actual y ver la gran promesa que se encuentra más allá, debería ser la principal motivación de todos los portadores de luz que toman la cruz y trabajan diligentemente para ayudar a limpiar y sanar la tierra.

www.ingramcontent.com/pod-product-compliance
Lightning Source LLC
Chambersburg PA
CBHW061256110426
42742CB00012BA/1945